한국전쟁·Ⅱ

The Photographs of the Korean War from
National Archives and Records Administration
in the United States of America

Edited by Park Do

Printed and bound in Korea

한국전쟁·Ⅱ

- NARA에서 찾은 6·25전쟁의 기억

미 국립문서기록보관청 사진

박도 엮음

초판 2쇄 발행일 — 2017년 6월 23일

발행인 — 이규상

편집인 — 안미숙

발행처 — 눈빛출판사

　　　　서울시 마포구 월드컵북로 361 이안상암2단지 506호

　　　　전화 336-2167 팩스 324-8273

등록번호 — 제1-839호

등록일 — 1988년 11월 16일

섭외·번역 — 박유종

편집 — 정계화·고은경·성윤미·김아람

인쇄 — 예림인쇄

제책 — 대신문화사

값 33,000원

ISBN 978-89-7409-232-0 04910

한국전쟁·II

1950-1953

미 국립문서기록보관청 사진
NARA, National Archives and Records Administration

박도 엮음

NARA에서 찾은 6·25전쟁의 기억

눈빛

차 례

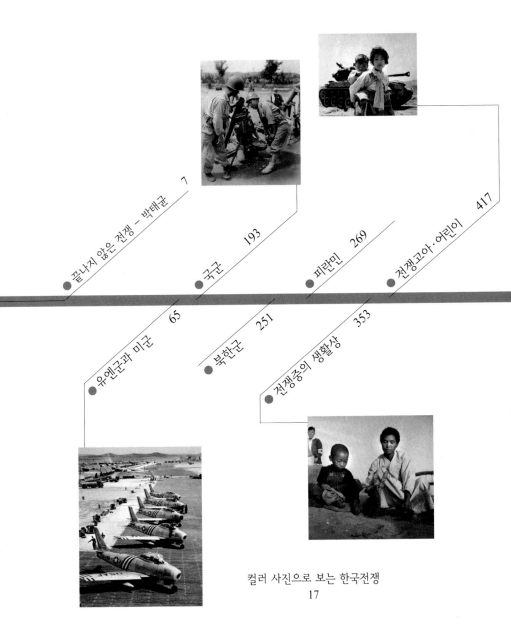

컬러 사진으로 보는 한국전쟁
17

수원비행장 부근에서 후퇴하는 국군. 1950

끝나지 않은 전쟁

박태균

서울대 국제대학원 교수

우리 역사상 한국전쟁만큼 국내외적으로 커다란 파문을 일으킨 사건은 없었다. 국내적으로 엄청난 전쟁의 피해를 가져왔을 뿐만 아니라 국제적으로도 세계 질서의 변화를 가져올 정도로 중요한 의미를 갖는 사건이었다. 남과 북은 폐허가 되었지만, 전쟁은 남북한 정부에게 안정된 통제체제의 구축이라는 선물을 주었다. 한국전쟁은 냉전체제의 본격적인 시작을 알리는 신호탄이었고, 중국 공산당의 부상, 그리고 제2차 세계대전으로 패망한 일본과 독일의 재무장을 알리는 경종이었다.

그런데도 냉전의 이데올로기, 반공의 이데올로기 안에 갇혀 살아왔던 우리에게 한국전쟁은 단지 '누가 먼저 총을 쏘았는가'의 문제를 해결해야 하는 단순한 사건으로만 알려져 왔다. 매년 6월 25일이 되면 북한이 전쟁을 치밀하게 준비하여 남침을 감행했다는 새로운 증언이나 자료가 나왔다는 것이 주요한 뉴스로 신문의 지면을 장식했다. 그리고 그것이 한국전쟁에 대한 모든 정보였으며, 우리는 그 이상을 알 수도 없었고, 알아서도 안됐다. 사실적인 측면에서 많은 문제가 있음에도 불구하고 영화 〈태극기 휘날리며〉가 주목을 받은 이유도 이러한 현실을 반영하는 것이었다.

전쟁이 '정전'이라고 하는 임시적인 협정을 통해서 끝난 지 반세기가 훨씬 지난 오늘, 우리는 새로운 한국전쟁의 역사를 쓰기 시작하고 있다. 이 땅에 살고 있는 사람들은 단지 누가 먼저 전쟁을 시작했는가만으로 모든 문제가 해결되지 않는다는 것을 느끼기 시작했다. 한국전쟁은 우리에게 잊혀지지 않는, 그리고 지금도 계속되고 있는 수많은 문제들을 지속적으로 제기하고 있다는 것이다. 이런 의미에서 볼 때 이 사진집은 글이 아니라 사진으로, 해결되지 않은 여러 가지 문제에 접근하고 있다.

필자가 한국전쟁을 연구하면서 제일 먼저 부딪혔던 문제는 왜 전쟁이 3년이나 계속되었을까 하는 문제였다. 전쟁이 언제 시작되었는가와 관련하여 여러 가지 논란이 있지만, 1950년 6월 25일에 공식적으로 전쟁이 시작된 것은 부인할 수 없는 사실이다. 그 이후 1년여 동안 수많은 군인들이 남과 북을 오가다가 1951년 봄, 38선 근처에서 전선이 고착되었다. 그리고 전쟁이 시작된 지 정확히 1년이 되는 시점에서 휴전협상이 시작되었다. 이후 38선을 중심으로 남쪽과 북쪽으로 전선이 왔다 갔다 했지만, 전쟁 이후 1년 동안 일어났던 것만큼 변동의 폭이 심하지는 않았다.

그러면 왜 전쟁은 이 시점에서 끝나지 않은 것일까? 왜 1953년 7월 정전협정이 조인될 때까지 2년이라는 기간 동안 더 지속되어야 했을까? 1970년대, 오전 수업만 하고 학교에서 돌아온 토요일, 텔레비전을 켜면 어김없이 방영되었던 〈배달의 기수〉에 단골 메뉴로 나왔던 고지전투가 왜 2년여 동안 계속되어야 했을까?

그 해답을 찾는 과정에서 처음으로 맞닥뜨린 문제가 포로문제였다. 이 사진집에 나와 있는 수많은 포로들, 이들이 어떻게 되었는가의 문제가 아니라 왜 이들을 송환하는 문제를 놓고 1년 반 동안 협상이 이루어졌어야 했는가? 분명 모든 포로는 전쟁이 끝나는 즉시 송환되어야 한다고 제네바협정에 명시되어 있다. 그러나 제네바협정의 내용은 그 효력을 발휘하지 못했다.

포로문제는 한국전쟁의 특수성을 가장 많이 드러낸 중요한 사건이었다. 전쟁 개시 후 1년의 기간 동안 남과 북에서는 자신의 의지와 상관없이 '의용군'이라는 이름으로 군에 입대한 사람들이 많았다. 그리고 이들 중에 포

정전회담
반대시위중인 시민들.
서울, 1951. 7. 11.

로가 된 사람들이 적지 않았다. 만약 전쟁이 끝남과 동시에 이들을 상대방
에게 돌려보낸다면 이들은 집도, 가족도, 친구도 없는 곳에 가서 일생을
지내야만 하는 고통을 겪어야만 했다.

　포로문제가 이렇게 인도주의적 측면에서 고려되어야 함에도 불구하고,
이 문제를 해결하기 위한 협상이 진행되는 동안 이 땅의 수많은 젊은이들
이 38선 근처의 고지에서 희생되었다. 휴전협상은 전쟁을 멈추고 하면 안
되었을까? 어차피 전쟁을 그만하자고 하는 협상인데, 왜 굳이 전쟁을 계
속하면서 협상을 해야 했을까?

　여기에는 유엔군과 공산군측의 전쟁 전략이 숨어 있었다. 적에게 최대
한의 피해를 입히면서 전쟁을 종료해야 한다는 것이었다. 전쟁이 멈춘 이

후에 상대방이 다시 재기하지 못하도록 해야 한다는 강박관념이었다. 이 때문에 전선에서의 고지전투 외에 수많은 비행기들이 한반도의 상공을 덮고 엄청난 양의 폭탄을 쏟아부었다. 또한 많은 포로들을 돌려보낸다면, 그리고 그들이 돌아가서 다시 적군의 군대에 편입된다면, 그것은 곧 적군의 전력을 증강시켜 주는 것을 의미했다. 돌아가는 사람이 한 사람이라도 더 줄어드는 것이 곧 승리라고 생각했던 것이다.

두번째로 부딪힌 문제는 전쟁이 끝나고, 수많은 사람들이 고통을 입었음에도 불구하고 전쟁의 당사자들에게 책임을 묻는 작업이 전혀 진행되지 않았다는 사실이었다. 집을 잃고, 직장을 잃고, 친지를 잃은 이 땅에 사는 사람들은 전쟁을 수행했던 당사자들에게 책임을 물어야 했다. 또 전쟁으로 인해서 서로 살아 있으면서 만날 수 없는 사람들이 생겨났다. 국민의 재산과 권리를 지켜 주어야 하는 정부가 왜 그런 의무를 수행하지 못했는가? 전쟁이 끝난 지 30년이 지난 어느 시점에서 〈누가 이 사람을 모르시나요〉라는 가요가 전국을 휩쓸도록 해야만 했던 정부는 왜 아무것도 책임지지 않고 있는가?

그런데 상황은 반대로 흘러가고 있었다. 전선에서 3년 동안 흘린 수십만 명의 피로도 모자랐던 것일까? 전쟁을 반대하는 시위가 일어나야 하는데, 오히려 전쟁이 끝나는 것을 반대하는 시위가 일어났다. 정전협정에 조인해야 하는 날 반공포로를 석방해서 다시 한 달간 전쟁을 더 하도록 만들었다. 전쟁이 끝나고서도 다시 전쟁을 일으켜 통일을 하겠다는 말만 되풀이했지, 전쟁으로부터 피해를 입은 국민들에게 어떤 식으로 보상을 한다는 말 한마디 없었다. 억울하게 죽은 사람들의 명예를 회복시켜 달라는 유족들의 진정은 빨갱이들의 활동으로 몰렸다. 유족들은 구속되었고, 억울하게 죽은 사람들의 원혼을 달래기 위하여 세워졌던 비석은 옆으로 누워 버렸다.

전쟁으로부터 국민을 보호하지 못했던 남과 북의 정권은 오히려 전쟁

끝없이 이어진 피란민 행렬. 1951. 1. 5.

전에 비하여 안정된 시스템을 구축하고 있었다. 그리고 그 해답은 후방에서 이루어진 전쟁에 있었다. 전쟁은 38선 부근에서만 있었던 것이 아니라 후방에서도 진행되고 있었다.

남에서는 유엔군의 인천상륙으로 인해 미처 북으로 후퇴하지 못했던 북한군들이 산으로 올라가 빨치산이 되었다. 그리고 남측은 이들을 토벌하는 데 많은 병력을 동원하였다. 그리고 군인들은 빨치산을 토벌하는 과정에서 국민들을 통제할 수 있는 시스템을 만들었다. 북한군이 점령하고 있던 지역에서 북한군에 협력했다는 혐의를 받는 부역자들이 처벌되었고, 빨치산에 협력했다는 이유로 수많은 사람들이 처형되었다. 이 사진집의 사진이 보여주는 처참한 시체들은 당시 빨치산 토벌이, 부역자 처벌이 얼마나 잔인하게 이루어졌는가를 보여주고 있다. '빨갱이' 또는 '부역자'라는 말 한마디로 사람의 목숨을 좌지우지할 수 있는 상황에서 누가 누구에게 전쟁의 책임을 물을 수 있었겠는가.

뿐만 아니라 남과 북의 정권은 전쟁 기간 동안 자신들의 반대파를 제거하면서 안정적으로 정권을 유지할 수 있게 되었다. 남에서는 부산정치파동을 통해 이승만에 반대하는 국회의원들이 구속되었고, 북에서는 소위 '공화국 전복음모사건'을 통해 남조선노동당 계열의 인사들이 숙청되었다. 이제 남과 북에서는 절대권력이 탄생한 것이다.

세 번째 문제는 한국전쟁에 대해 나와 있는 모든 책에서 '사람'이 보이지 않는다는 것이었다. 역사는 분명 사람들이 어떻게 살아갔는가를 보여주는 이야기임에도 불구하고 한국전쟁의 역사에는 '사람'이 보이지 않는다. 전선이 어디에 있었고, 어떠한 전투가 있었다는 이야기만이 있을 뿐, 그 시절에 살았던 사람들이 어떻게 살고 있었는가에 대해 누구도 문제 제기를 하지 않았다.

포로수용소의 여성 포로들. 부산, 1951. 1. 16.

더 많은 물자를 전쟁에 동원하기 위하여 돈이 아닌 쌀로 세금을 받았던 시절. 눈에 보이는 젊은이들을 국민방위군으로 징집하여 전쟁터에 내보내기도 전에 굶어 죽고, 얼어 죽도록 했던 사건. 엄청난 인플레이션에 시달리는 국민들의 고통은 아랑곳하지 않고 1953년 설날에 전격 발표되었던 통화개혁. 집을 떠나는 것도 서러운데 검문까지 받아야 했던 피란민들. 부모를 잃고 헤매던 수많은 고아들. 부산의 피란민촌에서 하루하루 살기에 급급했던 사람들.

그리고 전쟁이 일어나도, 정치파동이 일어나도, 묵묵히 농사를 지으면서 살아가야만 했던 이 땅의 사람들도 있었다. 태극기가 걸리든, 인공기가 걸리든 간에 땅을 일구지 않으면 살아남을 수 없다고 생각했던 수많은 사람들. 토지개혁을 한다고 했다가 농지개혁을 한다고 했고, 다시 토지개혁으로 돌아간다고 해서 어리둥절했던 사람들. 이들은 그저 농사를 지으면서 '나라님'이 내라는 세금을 억울하지만 낼 수밖에 없었고, 전쟁터에 나간 아들이 무사히 돌아오기만을 기원했다. 사진집에 나와 있는 농민들의 모습은 후방에서 묵묵히 생업에 종사할 수밖에 없었던, 전선에 있었던 사람들보다 더 많은 일반 민중들의 삶의 단면을 보여주고 있다.

전쟁은 모든 것을 파괴했다. 폭격이 삶의 터전을 송두리째 앗아 갔고, '바람 찬 흥남부두'도 먼지를 일으키며 파괴되었다. 전쟁은 사람들의 마음까지도 파괴했다. 이 땅의 사람들에게 분노만을 남겨 놓았다. 우리 편이 아니면 적이고, 우리 편이 아니면 빨갱이다. '철사줄로 두 손 꽁꽁 묶인 채로' 끌려가던 사람들을 보면서, 그리고 억울하게 죽은 다음에 아무데나 버려진 사람들을 보면서 사람들의 마음은 철저하게 파괴되었다.

여기에 더하여 서로 살아 있는 것을 알면서도 만날 수 없었던 사람들이 있다. 때로는 어딘가에 살아 있을 것이라고 생각하면서도 혹시 부역자로 처벌받은 것은 아닐까, 혹시 북쪽으로 간 것은 아닐까, 혹시 나보다 더 못살아서 나에게 부담을 주는 것은 아닐까 하는 염려에서 부모·형제·친지를 찾지 못하고, 찾을 수도 없었던 사람들.

이제 전쟁이 끝난 지, 아니 중단된 지 반세기가 훨씬 흘렀다. 전쟁은 완전히 끝나지 않았다. 일어나지 않았어야 하는 전쟁이 일어났고, 끝나야 하는 전쟁이 아직도 끝나지 않은 전쟁으로 계속되고 있다. 1960년대 동해에서 일어났던 남북한 간의 교전은 이제 서해에서 일어나고 있다. 남북 간의 해상 경계를 명확하게 하지 못했던 불완전한 정전협정은 지금까지도 국민들로 하여금 불안을 느끼게 하고 있다.

부역자처벌법을 생각나게 하는 국가보안법은 지금도 눈을 시퍼렇게 뜨고 국민들을 감시하고 있다. 수십 년 만에 고국에 돌아와 민주주의적인 남한의 모습에 감동을 받았다는 사람을 감옥에 넣고 7년을 그 안에서 반성하라고 한다. 만에 하나 그 사람이 북한에 협력했던 사람이었다고 하더라도, 그 사람이 남한에 제 발로 걸어온 것은 오히려 우리의 발전을 보여주는 것이다. 환영하지는 못할망정 감옥에 넣는 것은 우리가 아직도 끝나지 않은 전쟁의 시대에 살고 있다는 점을 잘 보여준다.

그리고 이 모든 것보다 더 무서운 것은 전쟁으로 인해서 받아야만 했던 마음의 상처가 아직까지도 치유되지 않았다는 사실이다. 아직도 무고한 양민들의 죽음에 대해 어떠한 보상도 이루어지지 않고 있으며, 최소한의 명예회복도 이루어지지 않고 있다. 남과 북의 이산가족을 만나게 해주는 것조차도 정치적으로 이용되고 있다.

이제 북한에 뿔 달린 도깨비들이 살고 있다는 이야기를 하는 어린이들은 없다. 오히려 용천에서 폭발사고가 났을 때 성금을 모아 북한 어린이들을 도와야 한다고 말한다. 이제 북한 사람들로부터 남한이 잘사는 것을 알고 있다는 목소리도 들을 수 있다. 세상이 이렇게 바뀌어 가고 있다. 그러나 전쟁은 아직도 계속되고 있다.

이 사진집은 우리들에게 많은 이야기를 해준다. 여기에는 한국전쟁의 진짜 이야기들이 들어 있다. 전쟁터에서 싸웠던 군인들의 모습과 함께 전선의 뒤에서 후방전쟁을 치러야만 했던 우리 윗 세대의 처참한 모습들은 전쟁이 진행되는 동안 한반도의 전체적인 상황을 잘 느낄 수 있도록 해준다. 미국의 텔레비전 방송국에서 〈매쉬(MASH)〉라는 드라마를 했을 때 묘사된 한국의 모습에 대해 많은 한국인들이 분노를 느꼈지만, 실제 그 드라마에 나타난 모습이 단순히 과장만은 아니었음을 보여주는 사진들도 찾을 수 있다.

아울러 지금까지 우리가 접하기 힘들었던 귀중한 사진들도 있다. 특히 북한 지역의 당시 사진들은 지금 어디에서도 찾기 힘든 매우 소중한 사진들이다. 또한 전쟁으로 인해서 파괴되기 이전의 모습과 함께, 전쟁으로 인해 파괴된 모습도 잘 보여준다.

이러한 사진들은 지금 우리가 치유해야 할 문제가 무엇이며, 우리가 밝혀 내야 할 것이 무엇인가를 보여준다. 현대사 연구자의 한 사람으로서 새롭게 발굴된 사진의 소중함을 느끼면서, 다른 한편으로 이제 글을 통해서도 밝혀야 할 것들을 밝혀 내야만 한다는 무언의 압력을 받는다. 어깨가 더욱 무거워진다. (2004)

폭격으로 파괴된 임진강 철교. 1952. 3. 10.

태평로 국회의사당. 서울, 1951. 3. 28.

서울중앙우체국. 1951. 3. 28.

탱크 기관총을 정비하는 미 해병 기갑요원. 1953. 7. 1.

부서진 다리 위의 파괴된 탱크. 수원, 1950. 10. 7.

적진을 향해 작열하는 4.5인치 로켓포. 1952. 2. 16.

화력시범중인 화염방사요원. 1952. 2. 16.

출전에 앞서 전투시 주의사항을 하달받는 국군. 안동, 1952. 9. 13.

열병중인 미 해병부대. 1953. 3. 25.

휴전회담장의 북한측 경비병. 판문점, 1953. 4. 8.

수백 명이 학살된 현장에 시신을 수습하기 위해 몰려든 유족들.
전주, 1950. 9. 29.

학살 현장에 버려진 시신. 전주, 1950. 9. 29.

학살 현장에서 시신을 수습하는 주민. 전주, 1950. 9. 29.

중공군 포로 캠프 정문. 거제도 포로수용소, 1952. 3. 20.

기관총이 거치된 감시초소에서 바라본 중공군 포로 캠프.
거제도 포로수용소, 1952. 3. 20.

9천여 명의 포로가 수용된 캠프 1 포로수용소. 부산, 1951. 1. 18.

약 17,000명의 포로가 수용된 거제도 포로수용소 부근의 산과 들.
거제도, 1952. 3. 20.

선전 플래카드를 내건 친공포로 캠프. 거제도 포로수용소, 1952. 3. 20.

청소 사역중인 포로들. 거제도 포로수용소, 1952. 3. 20.

생포된 북한군 포로. 1951. 2. 4.

포로 교육시간. 거제도, 1952. 3. 20.

심문을 기다리는 중공군 포로들. 1951. 1. 22.

포로들에게 DDT를 살포하는 방역요원. 부산, 1951. 1. 22.

포로의 머리를 깎아 주는 경비병. 부산 임시 포로수용소, 1951. 1. 19.

최연소 북한군 포로(이름 김준환). 대구, 1951. 1. 23.

임시 포로수용소 취사장. 부산, 1951. 1. 18.

가재도구를 지고 손자와 함께 피란길에 나선 노부부.
전주, 1951. 3. 1.

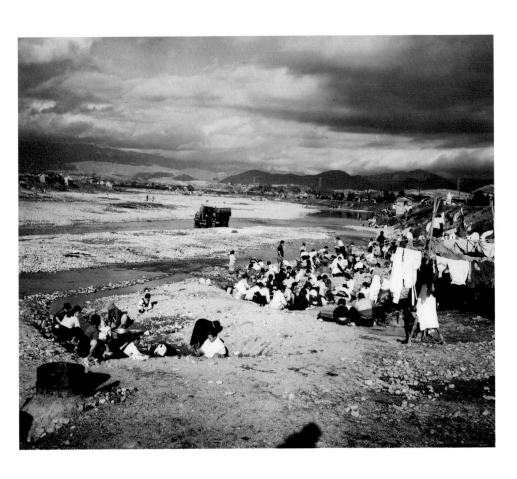

낙동강 강가에서 빨래를 하는 피란민들. 1951. 8. 15.

고무신 가게. 대구, 1951. 3. 1.

시장에서 김치를 파는 사람. 서울, 1951. 3. 19.

거리의 약장수. 서울, 1951. 3. 19.

구두닦이 소년들. 서울, 1951. 11. 15.

피란민촌의 아이들. 서울 영등포, 1951. 8. 18.

허물어진 집의 섬돌에 앉아서 배고픔과 추위에 떨고 있는 소녀.
전주, 1951. 3. 1.

두 소녀. 1951. 3. 1.

영양실조에 걸린 어린이. 1951. 8. 18.

아이를 업고 있는 부녀자. 전주, 1951. 3. 1.

아얌을 쓴 할머니. 전주, 1951. 3. 1.

담뱃대를 문 할아버지, 서울, 1951. 8. 20.

미군부대에서 생활하는 두 소년(그 무렵에는 이들을 '하우스 보이'라고 불렀는데,
이들 가운데는 해외로 입양되는 아이도 있었다). 전주, 1951. 3. 1

유엔군과 미군

원산 상공을 초계비행하는
미 해군기. 1951. 7. 15.

미 해군전투기가 폭탄을 장전하고서 비행하고 있다. 1951. 9. 4.

항공모함 함재기에 장전할 폭탄들. 1950. 9. 6.

성진에 있는 철도공장과 조차장을 폭격하기 위해 비행중인 미 B-29 폭격기.
오른쪽 위, 교량을 폭파하는 미군기. 1952. 11.
오른쪽 아래, 전투기에 낙서한 포탄을 장착중인 해병대원들.

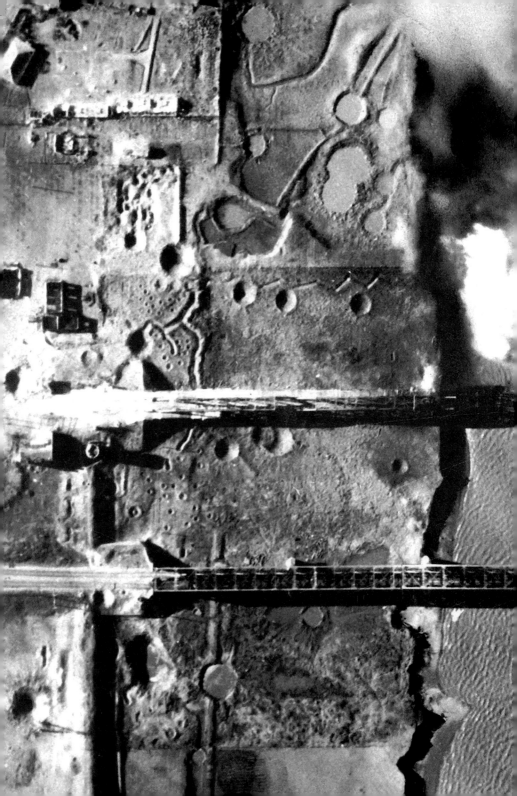

신의주 상공에서 압록강 철교를 폭파하는 미 해군기. 1950. 11. 15.

출격명령을 기다리고 있는 미 공군 F-86 전투기. 1951. 6.

평양에 있는 적군의 전선 후방으로 가기 위해 비행기에 탑승하는 공정대원들. 1950

몰아닥친 한파로 인해 낙하산으로 공중투하하는 보급품. 1950. 11. 30.

C-36기에서 공중강하하는 미 제187공정단.

C-46기에서 강하하는 공정대원. 1950
오른쪽 위, C-119 수송기에서 공중강하하는 공정대원들. 파주 문산리, 1951. 3. 23.
오른쪽 아래, 작전 수행중인 공정대원들. 1951

미 제187공정단의 공중강하 장면을
흥미롭게 바라보고 있는 어린이들.
대구 근교.

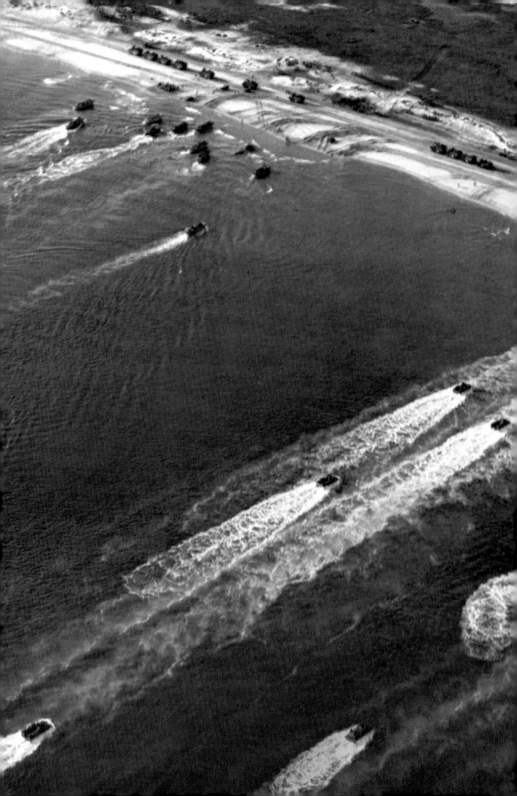

원산에 상륙하는 유엔군 상륙정들. 1950. 10. 26.

원산에 상륙한 미 해병대 수륙양용 상륙정. 원산, 1950. 10. 25.
왼쪽 위, 인천상륙을 위한 해병대 상륙정의 진격. 1950. 9. 15.
왼쪽 아래, 인천항으로 들어가는 유엔군의 LST 함정. 1950. 12. 13

임무를 마치고 귀환하는 미 항공모함 'LEYTE'호.
갑판에서 장병들이 무사귀환 기념식을 거행하고 있다.
1951. 2. 3.

인천상륙작전중인 미 해병 상륙정.
1950. 9. 15.

청진항을 향해 함포사격을 하는 미 해군 함정. 1950. 10. 21.

미 B-26 폭격기의 폭격으로 화염이 치솟고 있는 원산 시가지. 원산, 1951

상륙정을 타고 원산에 상륙하는 유엔군. 1950. 10. 15.

국군과 미 해병의 신도섬 합동공격작전.

상륙정에 승선하기 위해 밧줄을 타고 내려가는 병사들. 1953. 1. 9.

원산 앞바다에 어뢰를 투하하는 미 해군. 1950. 11. 14.

폭격을 받은 경기 금촌 일대. 1950

야간의 로켓포 발사.
1953. 4. 15.

지원사격중인 포병.

참호에 엎드려 적의 박격포 공격을 피하는
미 해병대원.

인천의 관문인 월미도에서 북한군을 소탕중인 미 해병대원. 1950. 9. 15.

서울 북쪽 10마일 지점에서 후퇴하는 유엔군. 1951. 1. 3.

낙동강전선에서 북상하는 국군과 유엔군. 1950. 9.

위, 아이를 업은 한 노인과 북한강 유역에 탱크를 몰고 온 유엔군. 춘천, 1951. 4. 4.
아래, 공산군을 향해 사격중인 유엔군. 왜관, 1950. 9. 21.

전차를 방어벽 삼아 공산군과 대치중인 미 해병대. 강원 홍천, 1951. 5. 21.
왼쪽 위, 낙동강전선에서 남하하는 북한군을 향해 돌진하는 미 기갑부대. 1950. 9. 3.
왼쪽 아래, 혹한 속에 포를 쏘며 북으로 돌진하는 탱크. 1952. 1. 10.

항공기의 근접지원사격 후 진군하는 미 해병.
하갈우리, 1950. 12. 26.

중공군의 참전으로 후퇴하는 유엔군. 1950. 11. 29.

후퇴하는 미군 기갑부대. 고도리, 1950. 12. 8.

중공군에 밀려
눈보라 속에
후퇴하는 유엔군.
고도리, 1950. 12. 8.

후퇴중, 지쳐 길가에서 쉬고 있는 미 해병대원들. 1950. 11. 29.

수습한 전사자 시신. 고도리, 1950. 12. 8.

서울을 수복하면서 북한군 및 부역 혐의자를 색출하여
연행하는 유엔군. 1950. 9. 26.

금호강을 건너기 직전의 유엔군 지프 행렬. 1950. 9. 16.

38선 이남으로 후퇴하는 미군 차량들. 1951. 1.

참호 속에 몸을 숨긴 미 해병대원. 1950

위, 다리 어귀에 지뢰를 매설하는 유엔군.
아래, 끊어진 한강 인도교를 바라보는 유엔군. 1951. 3. 3.

위, 중공군에게 수류탄을 던지는 미 제3사단 병사. 1951. 3. 23.
아래, 임진강에서 중공군과 전투를 벌이는 미군. 1951. 4. 11.

유리한 지역을 차지하기 위해 치열한 고지전투를 벌이는 유엔군. 1951. 7. 3.

최전선에 지원사격을 하는
포병부대. 1951. 6. 9.

위, 북한군과 시가전중인 미 해병대원. 서울, 1950. 9. 20.
아래, 서울 근교에서 전투중인 미군. 1950. 9. 20.

전투중인 미군. 한탄강, 1951. 4. 11.

적진과 마주한 참호에서 경계근무중인 미 제27연대 병사. 1952. 8. 10.

기관총으로 북한군 진지를 조준하고 있는 미 해병대원. 청천강, 1950. 11. 20.

전선으로 이동하고 있는
미 제24보병연대 병사들.
1950. 7. 18.

미 해병의 첫 번째 정찰 헬리콥터. 1951. 9. 20.

헬리콥터를 이용한 부상자 후송작전.

서울 수복 후 임시 미 영사관 지붕에
성조기를 세우는 미군.
서울, 1950. 9. 27.

사격 준비중인 참호 속의 미 해병 저격수.

마을을 수색하고 있는 유엔군. 1950. 8. 17.

나귀에 군수품을 실어 나르는 미군 병사.

위, 흥남에서 철수하는 수송선을 타기 위해 이동중인 유엔군. 1950. 12. 27.
아래, 한 노인이 교통사고로 뒤집어진 트럭을 바라보고 있다. 천안, 1951. 7. 10.

국경지대인 압록강까지 진격한
미 제7사단 장병들.
1950. 11. 21.

미군 부상병이 응급구호소에서 치료를 받고 있다. 1950. 7. 25.

서울 수복 직후 중앙청 앞에서 미사를 드리는 유엔군. 1950. 9. 28.

전투 후 허물어진 초가 앞에서 휴식중인 미 해병대원들. 1951. 9. 24.

불타고 있는 건물 앞에서 휴식중인 미 해병대원들. 인천, 1950. 9. 16.

민가를 수색중인 영국군 병사. 1951. 10. 10.

스탈린과 김일성의 초상화를 향해 경기관총으로 사격연습을 하고 있는
호주 시드니 출신의 윌리엄 해밀턴 일병.

잠시 정차한
군수송열차로
다가온 아이들에게
먹을 것을
나눠 주는
미 해병대원.
1950. 8. 4.

고아원을 방문해 어린이들에게 초콜릿을 나눠 주고 있는 미군 병사. 포항.

휴전협정 조인식에 참석하기 위해 구두를 닦고 있는 미군들. 1953. 7. 23.

복구공사중인 한강철교. 1951. 5. 23.

이승만 대통령과 영부인 프란체스카 여사가 철교복구공사 현장시찰을 나왔다.
서울 한강, 1950. 10. 19.

한강철교를 복구한 뒤
첫 시험운행중이다.
1951. 6. 10.

1,400피트 상공에 띄워 휴전회담중임을 표시하는 수소 기구. 1952. 3. 19.

휴전회담중임을 표시하기 위해 띄우는 헬륨 가스 기구. 1952. 3. 22.

헬리콥터 소리에 놀라 달아나는 주민들.
1950. 11. 6.

북한군 잔당을 쫓고 있는 미군. 서울 종로, 1950. 9.

피란민 움집을 찾아 적정을 묻는 유엔군. 1951. 5. 17.

마을대표자를 뽑기
위해 모인 점령지
북한 주민들이
유엔군의 설명을
듣고 있다.
1950. 11. 12.

마을사람들에게서 적정을 듣고 있는 유엔군. 춘천, 1951. 3. 13.

집중포화로 부상당한 두 살짜리 딸을 의무병이 있는 미군 진지로 안고 달려온 아버지.

한쪽 다리를 저는 눈먼 소녀를 돕고 있는 미군 병사. 안양, 1951. 2. 5.

소녀에게 음식물을 먹여 주는 미군 병사. 안양, 1951. 2. 5.

유엔군 병사의 머리를 깎아 주는 한국인 이발사. 1950. 8. 25.
오른쪽 위, 거울을 들고 유엔군 병사가 면도하는 것을 도와주는 한국인. 1950. 8. 25.
오른쪽 아래, 거울을 들고 유엔군 병사가 면도하는 것을 도와주는 어린이. 1950. 8. 22.

미 해병대원으로부터 옷을 선물 받은 전쟁고아. 1953. 3. 26.

자신의 키보다 더 큰 M-1 소총을 병기검사하는 하우스 보이.

노획한 인공기를 들고 서 있는 미군들.

다른 병사들과 같이 군장검열을 받는 하우스 보이 김성구 군.

미국의 유명한 코미디언이며 가수인 밥 호프가 위문공연을 마친 뒤
미 장병들과 함께 기념촬영을 하고 있다.
원산, 1950. 10. 26.

밥 호프의 공연을 보며 파안대소하는 미군 장병들. 1950. 10. 23.

전투사령부로 가고 있는 리지웨이 장군과 맥아더 장군. 강원 양양, 1951. 4. 3.

전황을 직접 살펴보기 위해 서울에 도착하여 자신의 전용기 앞에 서 있는 맥아더 장군. 1950. 6. 28.

서울 중앙청에서 열린 서울 수복 기념식에서 연설에 앞서
기도하고 있는 맥아더 장군. 1950. 9. 29.

미 해병부대를 사열중인 이승만 대통령과 밴 플리트 미 제8군 사령관. 1952. 9. 18
왼쪽, 맥아더 장군의 손을 잡으며 도움을 청하고 있는 이승만 대통령. 1951. 1.

야전 참호에서 휴전 소식을 전달받고 있는 미군 병사들. 1953. 7. 27.

휴전협정 소식에 환호하고 있는 미 해병대원들. 1953. 7. 29.

유엔군 묘지에서 추도의 트럼펫을 부는 병사.
1950. 10. 8.

국 군

평양으로 입성하는 국군과
미군 선발대. 1950. 10. 25.

원산에서 북진하는 국군과 유엔군. 1950. 11. 2.

북진하는 국군과 미군. 홍천, 1951. 4. 1.

경남여중고생들의 위문공연을 관람하는 국군병원에
입원중인 부상병들. 부산, 1952

수송선(LST)을 타기 위해 늘어선 피란민과 징집 장병들. 1952. 6. 13.

위문공연을
관람중인 한국군
장병들. 1952. 4. 2.

훈련소에서 출소한 신병들이 전방으로 가는 열차에 탑승하기 위해
대구역 광장에 집결해 있다. 대구, 1950. 12. 18.

원주 북쪽 안흥리 마을을 통과하는 국군. 강원도 횡성, 1951. 2. 5.

위, 뙤약볕 속에 전선으로 행군하는 국군 병사들. 1950. 8. 1.
아래, 중공군에 밀려 평양 진주 45일 만에 대동강을 건너 총퇴각하고 있는
국군과 유엔군. 1950. 12. 4.

기마대 행렬. 대구, 1950. 8. 19.

위, 신병들이 전방부대로 가는 열차에 오르고 있다. 대구, 1951. 5. 18.
아래, 대구 근교 훈련소에 입소하고 있는 장정들. 대구, 1951. 4. 20.

LMG 기관총을 손질하는 국군 병사들. 1950. 8. 13.

한 초등학교 교실에서 미 고문관과 한미연합작전 계획을 세우고 있는
국군 지휘부(가운데가 백선엽 장군). 1950. 8. 18.

위, 병기를 손질하고 있는 국군 병사. 영덕, 1950 7. 29.
아래, 신병훈련소에서 사격술을 배우는 훈련병들. 안강, 1950. 8. 30.

탱크의 포신을 손질하는 국군 기갑병. 1952. 10. 20.

105mm 곡사포로 지원사격을 하는 국군. 1950. 7. 26.

한국 경찰의 협조를 받아 공산 게릴라들을 추적하는 미군과 국군.
진주, 1951. 1. 7.

박격포 조준훈련을 하고 있는 국군 병사들. 1950. 8. 13.

거리에서 시민을 검문하는 국군 해병대원들. 인천, 1950. 9. 20.

위, 3.5인치 대전차 로켓포 교육을 받고 있는 신병들. 1952. 11. 18.
아래, 병기 손질을 하는 해병대 병사들. 1952. 9. 28.

총검술훈련중인 해병대 훈련병.

총검술훈련중인 해병대 훈련병.

해병대 신병들의 훈련 수료식. 1952. 9. 30.

진해에서 훈련을 마치고 기차편으로 전방에 도착한 해병대 신병들.
문산역, 1952. 5. 15.

임진강 부교를 경비하는 국군. 1951. 8. 3.

38선 부근에서 적진을 경계하고 있는 국군. 1950. 6.

한국전쟁 발발 직전, 국군 두 병사가 옹진에서
적진을 바라보고 있다. 1950. 6.

허물어진 건물 앞에 서 있는 국군. 포항, 1950. 10. 17

경계근무 교대중인 최전방의 국군. 1953. 1. 22.

작전 후 길에 쓰러져 휴식을 취하고 있는
국군 병사들. 1950. 7.

백마고지 전투에서 부상당해 후송한 국군 병사들.
철원, 1952. 10. 8.

백마고지 전투에서 부상당해 후송한 국군 병사들.
철원, 1952. 10. 8.

잠시 전투가 멎은 틈을 타서 하모니카를 불며 향수를 달래는
두 국군 용사. 1953. 4. 12.

집체훈련중인 여군들.

부상병을 업어 후송하는 국군 병사. 1950. 7. 29.

부상당한 미군을 들것에 실어 후송하는 국군 위생병들. 1950. 8. 23.

38선에서 약 11.2킬로미터 가량 올라간 양양에서 진격중인 국군 부대.
건물에 붙어 있던 공산주의 선전물들을 뜯어내 불태우고 있다.

국군의 동계 방한 복장. 1950. 11. 25.

국군의 전투복 차림(모자·전투복·신발: 국산·소총·코트·탄환: 미제), 1951. 1. 5.
왼쪽, 참호에서 경계근무중인 국군 병사. 문산, 1952. 3. 15.

휴전회담 한국군 대표로 활동중인 백선엽 육군 소장. 1951. 8. 13.

손원일 해군 제독. 1951. 1. 18.

점심을 먹는 국군 하사관. 앞에 진열한 것은 전투 비상식량.
파주 문산리, 1951. 7. 17.

부식을 준비하는 야전 취사병. 1952. 3. 3.

해병대원들의 식사 시간.

전선으로 가는 군인들에게 배식할 주먹밥을 만들고 있는 소년들.
1950. 7. 29.

전방으로 떠나는 아들의 무운장구를 비는 어머니. 대구, 1950. 12. 18.

민간인들을 검문하는 국군 병사. 원산, 1950. 11. 2.

미 해군 교관에게서 통신교육을 받는 해군사관학교 생도들. 진해, 1952. 2. 27.

미국 버지니아 주 군사교육장에서 교육을 받고 있는 도미 국군 교육생들. 1952. 11.

퇴원하는 상이군인들에게 꽃다발을 선물하는 어린이. 부산.

미 해군으로부터 이양받은 군함에 태극기를 게양하는
대한민국 해군 수병. 1950. 12. 1.

어느 국군용사의 무덤. 1950. 7. 5.

북한군

북한의 남조선
해방경축 아치.
1951. 8. 18.

북한군 기갑부대.
왼쪽 위·아래, 서울 시가지를 누비는 북한군 탱크.

서울 시가지를 누비는 북한군 탱크.

북한군 기관총.
오른쪽 위, 북한군 기계화부대. 적진지에 접근하는 중기관 총수들.
오른쪽 아래, 북한군 개인용 대전차포.

북한군 고사포부대.

평양의 거리. 1947
왼쪽, 북한군 박격포.

북한 함정과 해군.

인민지원군 입대기념 사진.
왼쪽, 어느 북한군 전사의 수첩에서 나온 사진(사진 뒷면의 기록: 김용준, 리영록, 김기원,
김용생, 김두형, 주중환 여섯 동무가 568 연대 직속 경비소대 사격장 밑에서).

피란민

철수하는 유엔군
수송선에 오르기
위해 몰려든
피란민들.
흥남부두, 1950.
12. 19.

철수하는 유엔군을 따라 남하하기 위해 몰려든 피란민들.
흥남부두, 1950. 12. 19.

부두에 몰려든 피란민들. 흥남부두, 1950. 12. 19.

철수하는 유엔군 수송선에 오르기 위해 몰려든 피란민들.
흥남부두, 1950. 12. 19.

중공군의 춘계대공세로 인하여 다시 피란봇짐을 꾸려서
한강으로 몰려든 피란민들. 서울, 1951. 5. 29.

부교를 이용해
한강을 건너는
시민들. 서울,
1951. 5. 29.

피란을 가기 위해 한강변에 몰려든 시민들. 서울, 1951. 5. 29.

피란을 가기 위해 한강으로 몰려든 시민들.
서울, 1951. 5. 29.

부산으로 가는 LST(수송선)에 승선하는 피란민들. 인천, 1950. 12.

LST를 타고 낙도로 가는 피란민들. 마산, 1950. 9.

나룻배로 한강을 건너는 피란민들. 서울, 1950. 12. 12.

인천역 플랫폼에 열차를 타기 위해 몰려든 피란민들. 1951. 1. 3.

중공군의 대공세로 다시 피란길에 오른 피란민들.
서울, 1951. 4. 29.

경기도 파주의 한 피란민촌. 1952. 9. 26.

피란민들로 나날이 늘어나는 산동네 천막촌. 부산.

대구역 플랫폼에서 열차를 기다리는 피란민들. 1951. 1. 8.
오른쪽 위, 피란길에 나선 인천 시민들. 1950. 12.
오른쪽 아래, 피란민들로 북새통을 이룬 국제시장. 부산, 1951. 1. 8.

피란 갔다가 작전이 종료되자
다시 집으로 돌아오는 시민들.
인천, 1950. 9. 17.

퇴각하기 전의 대전역앞 광장. 1950. 7.

위, 피란길. 1950. 12. 11.
아래, 포화에 쫓겨 뛰어가는 피란민들. 영덕, 1950. 7. 29.

피란민 행렬. 경북 영덕, 1950. 7.

미 해병 헬리콥터를 바라보는 주민. 1953. 8. 14.

대동강을 건너는 피란민들. 평양.

영국군이 터널을 폭파하기 전에 터널 속에 있던 피란민들을 대피시키고 있다.
1951. 4. 10.

피란민 행렬. 왜관 다부동, 1950. 9. 6.

수레에 땔감을 싣고 가는 부부. 원산, 1950. 12. 1.

중공군의 참전으로 후퇴하는 국군과 유엔군. 평양, 1950. 12. 1.
왼쪽, 한 가족의 피란길. 춘천, 1951. 4.

소달구지에 가재도구를 실고 피란길에 나선 피란민. 원산, 1950. 11. 8.

중공군에 밀려 후퇴하는 유엔군을 따라나선 피란민들. 1950. 12. 10.

민간인을 검문중인 미 해병대원과 통역관.

피란민을 도와주는 미군 헌병. 강원 화천.

피란민 행렬. 포항,
1950. 10. 17.

위, 남행하는 피란열차. 사리원, 1950. 12. 6.
아래, 미군으로부터 초콜릿을 건네받고 있는 노인과 어린이. 1951. 6. 27.

중공군의 춘계대공세로 피란을 떠나는 시민들.
서울, 1951. 4. 29.

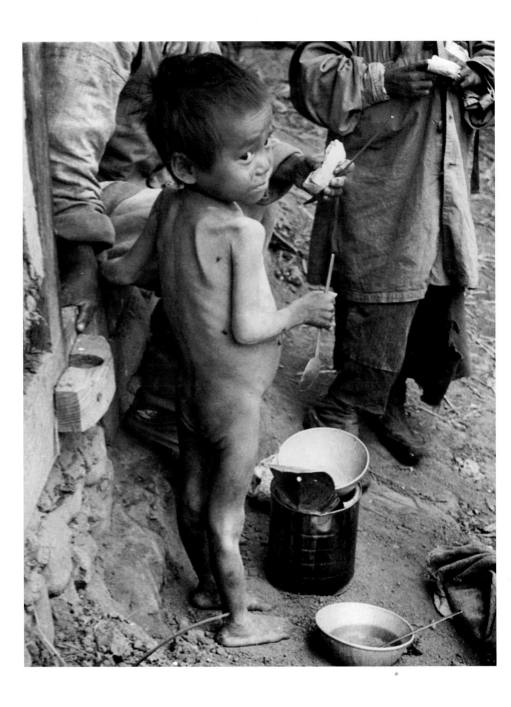

피란민촌의 어린이. 1951. 6. 21.

38선 남쪽 문산리 부근에서 검문검색을 받는 피란민들.

미군들로부터 DDT를 살포받는 시민들. 대구, 1951. 2. 16.

통역관과 함께 피란민들의 살림을 살피는 미군.
경남 김해, 1950. 9. 19.

양곡을 배급받기 위해 관계기관에 등록하는 피란민들. 1951. 5. 12.

미군에게 구호품을 받는 피란민들. 경기 파주 금촌, 1953. 2. 5.

피란민 행렬. 1951. 1.

지게에 가재도구를 진 피란민. 마산, 1950. 9.

부녀자들만 남아 아이들을 앞세우고 떠나는 피란민 행렬.

유엔군이 서울로 진격하자 피란을 갔다가
다시 집으로 돌아오는 인천 시민들. 1950. 9. 17.

굶주림에 지친 피란민 가족. 1951. 6. 6.

밥 짓는 아이들. 1953. 3.

324

피란민 수용소. 1951. 1.
왼쪽, 강추위 속에 남하하는 피란민 가족. 흥남, 1950. 12. 29.

부산에서 다시 섬(거제도)으로 가는 배를 기다리는 피란민들. 1951. 2. 8.

강추위 속의 피란민 가족. 1951. 1.

부산에서 다시 섬(거제도)으로 가는 배를 기다리는 피란민들. 1951. 2. 8.

부산에서 다시 섬(거제도)으로 가는 배를 기다리는 피란민들. 1951. 2. 8.

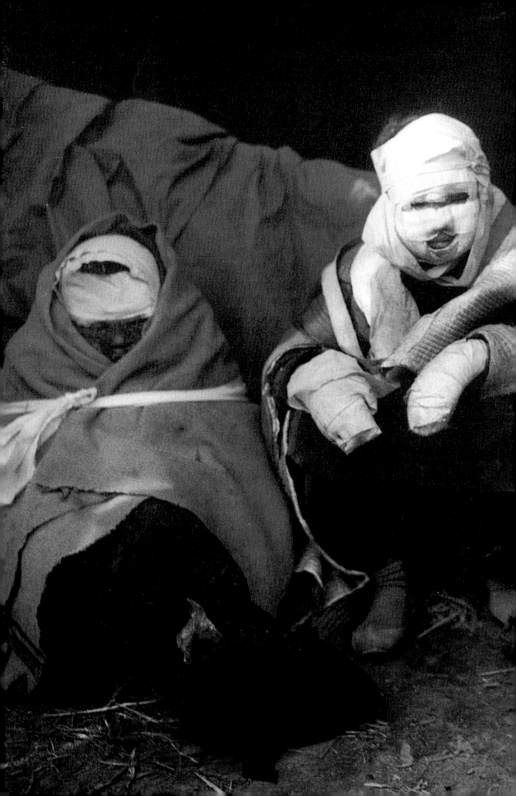

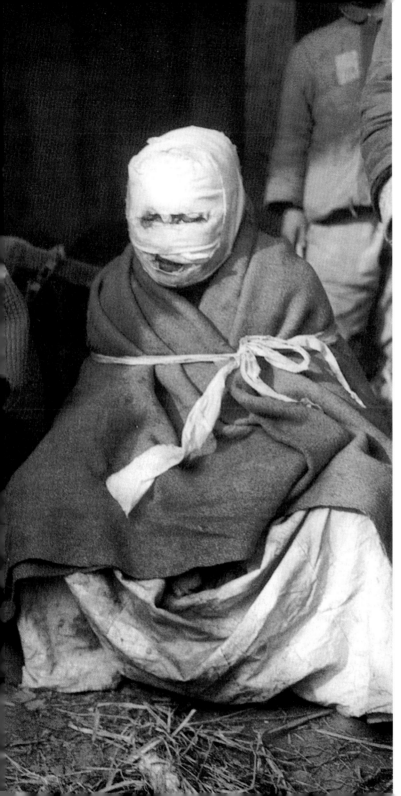

미군의 네이팜탄
공격으로 부상당한
여인들이 응급구호소에
모여 있다. 수원,
1951. 2. 4.

병중의 아내를 지게에 지고 피란을 가는 남편. 김해, 1950. 9.

부산역 플랫폼에서 피란봇짐을 지키고 있는 한 어린이. 부산, 1951. 1. 8.

양곡배급소 바닥에 떨어진 낙곡을 빗자루로 쓸어 담는 모자. 1950. 10.

마산에서 피란을 떠나 장생포 피란민촌에 도착한 한 가족. 1950. 10.

난민촌 움막집 아이들. 1953. 6. 18.

손자를 업고 미군부대 앞에서 구호물자를 받는 할아버지.

고아원의 어린이들에게 줄 선물을 트럭에서 내리고 있는 미군. 포항, 1953. 5. 5.

양곡을 배급받는
시민들. 부산,
1950. 9.

구호물자를 받으려고 몰려든 인파.

미군들이 나눠 주는 구호물자를 받으려고 손을 내밀고 있는 피란민들.
1952. 11. 15.

구호물자를 받으려고 늘어선 행렬. 포항, 1950

도착한 미군 구호차로 몰려드는 피란민. 파주 금촌, 1953. 1. 29.

미 해병으로부터 선물을 받고 좋아하는 여인. 1951. 2. 15.

구호양곡을 받아가는 할머니. 1951. 5. 12.

예방접종을 받고 있는 피란민촌 어린이들. 문산, 1952. 11. 22.

주민들에게 DDT를 살포하는 방역요원. 홍천, 1951. 3. 20.

전화로 폐허가 된 집으로 돌아온
가족들. 1950. 10. 2.

전란중의 생활상

상륙한 유엔군을
환영하는 인천 시민들.
1950. 9. 19.

미군부대에서 나온 전투비상식량을 판매하고 있는 상인. 서울, 1950. 10. 1.

거리의 구두수선공. 서울, 1952. 10. 2.

노점에서 사과를 사는 미군들.

원산, 1950. 11. 20.

과일을 파는 여인. 문산, 1952.10. 2.

고무신가게. 마산, 1950. 12. 28.

담배와 껌을 파는 소년. 부산, 1951. 1. 8.
오른쪽, 담뱃대를 문 노인. 1953

전란중의 인천 시가지.
1952. 10. 2.

노천 어물가게. 마산, 1950. 12. 28.

과일 노점상. 원산, 1950. 11. 1.

디딜방아로 밀을 빻아 체로 쳐서 밀가루를 만드는 부녀자. 1951. 11. 18.

변두리의 노점시장. 함흥, 1950. 11. 26.

시장의 화장품 가게.
흥남, 1950. 11. 26.

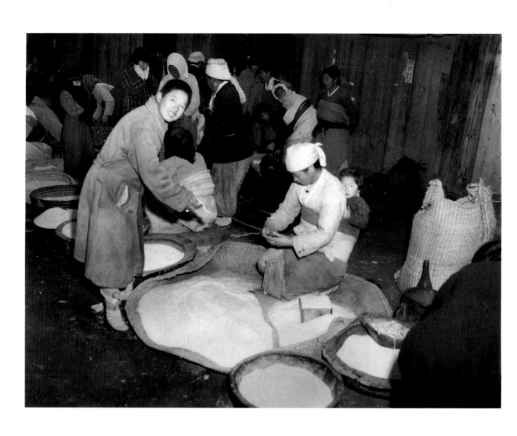

곡물시장의 싸전가게. 흥남, 1950. 11. 26.

시골 장터의 담뱃대 가게. 1953

젓갈을 파는 노인.
서울, 1950. 11. 14.

옷감에 수를 놓아 기념품을 만들어 파는 할머니. 1951. 11. 14.

시장 풍경. 마산, 1950. 12. 28.

비상식량 상자를 지고 인솔자를 따라 전투 현장으로
이동하는 지게부대 노무자들. 1951. 2. 4.

군수물자를 지게로 져서 나르는 노무자들. 1951. 2. 4.

군수물자를 져서 나르는 노무자들. 1951. 2. 4.

일감을 찾아 몰려든 지게부대 노무자. 1951. 2. 4.

고지대로 탄약을 수송하는 노무자들. 1950. 8. 17.

부두에 하역되는 긴급 구호양곡(안남미). 부산, 1951. 1. 18.

한국 경찰이 모집한 지게꾼 노무자들. 1951. 2. 4.

낙동강 임시 부교 가설공사에 동원된
노무자들. 1950. 8. 24.

비행장 활주로 공사에 동원된 노무자들.
부산, 1950. 10.

비행장으로 일자리를 얻기 위해 몰려든 노무자들. 1950. 10. 24.

미군부대로 들어가는 트럭을 기다리는 노무자들. 흥남, 1950. 11. 8.

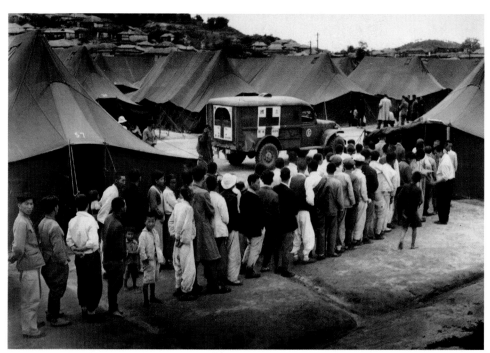

서울로 양곡을 실어 나르는 한강의 나룻배. 서울, 1950. 10.
왼쪽 위, 치료를 받기 위해 미군부대 막사 앞에서 순서를 기다리는 주민들. 개성, 1947. 6.
왼쪽 아래, 전투기에 장전할 폭탄들. 1951. 4. 9.

목재를 싣고 종로 화신백화점 앞을 지나가는 우마차. 서울.

미 공군 비행장 부근에서 풀을 베는 농부. 1952. 9. 6.

비료로 쓰기 위해 군부대의 인분을 수거하고 있는 한 농부. 1952. 8. 5.

남대문 전차 정거장.
1952. 10. 2.

일감을 얻기 위해 치안대 앞에 몰려든 시민들. 흥남, 1951. 3. 26.

중앙청 앞 가로수 그늘에서 쉬고 있는 지게꾼. 서울, 1952. 10. 2.

시장에서 옷과 그릇을 파는 상인. 함흥, 1950. 11. 26.

우시장에서 흥정을 하는 사람들. 문산, 1952. 11. 22.

동네 냇가에서 빨래를 하는 부녀자들. 원산, 1950. 11. 1.

시장을 가다가 잠시 쉬는 두 여인. 인천, 1952. 10. 2.

양곡을 배급받고 있는 시민들. 서울, 1950. 10.

양곡을 배급받고 있는 시민들. 서울, 1951. 6.

쌀을 가마니에 담는 정미소 노동자들. 흥남, 1950. 11. 15.

쌀을 도정하는 정미소 노동자들. 흥남, 1950. 11. 15.

쌀과 전투식량을 배급받는 피란민.

정미소 앞 풍경. 흥남, 1950. 12. 15.

전란중에도 농부들이 들판에 감자를 심고 있다.
판문점 부근, 1952. 4. 1.

난생 처음
헬리콥터를 타본
노인. 1955. 1. 17.

교회에 온 부녀자들. 파주 금촌, 1952. 9. 26.

전쟁고아·어린이

인천상륙작전 후 텅 빈 시가지에서의 목 놓아 우는 소녀.
인천, 1950. 9. 16.

이미 숨을 거둔 엄마의 시신을 붙잡고 길가에서 하염없이 울고 있던 어린 남매
(마침 이곳을 지나던 영국군과 호주군이 이들을 안전한 곳으로 데려갔다).

고아원의 어린이. 포천, 1953. 12. 14.

추위에 떨고 있는 어린이. 1951. 3. 15.

헐벗고 굶주린 아이들. 1950. 10.

허물어진 건물 잔해 속의 어린이들. 1953. 12. 13.

미군들에게서 구제품을 받은 어린이들. 1953. 12. 23.

구제품을 기다리는 어린이들.

미군 MP 옆에서 수신호를 따라하는 어린이. 인천, 1950. 12. 24.

헐렁한 옷에 해군 모자를 쓰고 도로 한가운데서 포즈를 취한 전쟁고아.
인천, 1951. 6. 6.

박격포 발사에 놀라 귀를 막는 어린이들. 한강 부근, 1951. 3. 4.

미 공군 비행기로 수송된 고아들.

위, 길가에 버려져 울고 있는 아이. 1950. 8. 8.
아래, 어린이들에게 초콜릿을 나눠 주는 미군. 1951. 7. 9.

과자를 먹고 있는 고아원생. 경북 포항, 1953. 3.

서울 거리의 전쟁고아들. 1950. 10. 29.

외국 구호기관으로부터 보내온 구호품을 선물받은 고아원 어린이들. 서울.
오른쪽 위, 크리스마스 캐럴을 부르는 고아원 원아들. 1952. 12. 8.
오른쪽 아래, 티 없이 웃고 있는 아이들. 부산, 1951. 10. 26.

방문한 미군들을 환영하는 노래를 부르는 고아원 원아들. 경기 부평, 1952. 8. 3.
오른쪽, 몹시 수줍음을 타는 소녀. 1951. 11. 18.

성당에서 기도하는 소녀. 인천, 1950. 12.

위, 소녀의 머리를 감겨 주는 고아원 보모. 1950. 11. 1.
아래, 부산의 어느 고아원. 1951. 3. 22.

교회에서 미군에게 크리스마스 선물을 받는 어린이들.

유엔군에게서 받은 선물을 한 아름 안고 가는 두 소녀. 영등포, 1951. 2. 15.

미군 해병대원으로부터 구호품을 받은 소녀. 1951. 2. 15.

두 소년의 귀가를 도와주는 미 해병대원. 1951. 3. 20.

동생을 업은 채 전차 앞에 서 있는 한 소녀. 행주, 1951. 6. 9.

동생을 업고 있는 소년. 인천, 1952. 10. 2

초가집 처마 밑에서 정답게 이야기를 나누고 있는 소년들. 1951. 11. 18.

헐벗고 굶주렸지만 웃음을 잃지 않은 어린이들.
원산, 1950. 10. 31.

폐허 속에서 놀고 있는 소년. 인천, 1952. 10. 2.

대문 앞에 서 있는 어린이들. 서울, 1951. 11. 14.

장난감 선물을 받고 좋아하는 어린이들.

미 해병으로부터 선물을 받고 좋아하는 어린이들. 1951. 2. 4.

한 시골 초등학교의 운동장 조회.
1952. 7.

한 초등학교 여자아이들의 줄넘기놀이.
원산, 1950. 11. 1.

어린이들의 야구경기 심판을 보는 미 해병대원.
인천, 1952. 8. 13.

불타 버린 교실터에서 공부하는 초등학교 3학년 학생들.
서울, 1953. 10. 22.

교실이 불타 버려 운동장에서 수업을 받고 있는 초등학교 학생들.
서울, 1953. 6. 5.

적십자사가 나눠 준 크리스마스 선물을 풀러 보는 초등학교 어린이들.
부산, 1950.

한 초등학교 운동장에서 뛰놀고 있는 어린이들.
원산, 1950. 11. 1.

피란민들의 길안내를 맡은 한국의 보이 스카우트 대원들. 1951. 2. 8.

학교를 방문한 미군들에게 환영의 노래를 부르는 어린이들. 1953. 12. 23.

한 초등학교 학생들과 담임선생님. 원산, 1950. 11. 1.

군부대를 찾아 위문공연을 하는 초등학교 어린이들. 1953. 12. 23.

미 해군 병원을 찾아 부상병들에게 위문공연을 하는 어린이들. 인천, 1952. 12. 6.

부산항에 정박중인 미 해군 위스콘신 호에서 장병들을 위한
위문공연을 하는 어린이들. 1952. 2. 25.

소녀들이 방문한 미군들을 환영하는
공연을 하고 있다.
1953. 12. 23.

미 해병대에 감사 공연중인 봉일천초등학교 어린이들. 파주 금촌.

부산항에 정박중인 미 해군 위스콘신 호에서 미 해군 장병들을 위한
위문공연을 하는 소녀. 1952. 2. 25.

크리스마스 캐럴을 부르는 어린이들.
1952. 12. 24.

교실이 불타 버린 빈 터에서 수업을 받는 어린이들.
서울 은평, 1950. 10.

함께 온 동생과 함께 수업을 받고 있는 소녀.
서울 은평, 1950. 10.

전쟁의 상흔

폭격으로 불타고 있는 공장지대.
흥남, 1950. 12. 24.

미 해군기가 폭격하기 위해
철교에 접근하고 있다.
1951. 7. 30.

Pre Strike photo RR bri

EA 369635 - 30 July

폭격. 1951. 4. 20.

한강철교와 인도교.
서울, 1951. 1.

공습으로 불타고 있는 북한의 한 마을. 1951. 5. 29.

미 B-29기의 폭격을 받는 청진의 공장지대. 1950. 8. 19.

미군의 폭격으로 잔해만 남은
흥남비료공장. 1950. 11. 6.

북한군이 후퇴하면서 광장에 불태우거나 파기한 각종 공문서들.
서울 시청앞, 1950. 10. 27.

위, 압록강변 갑산. 1950. 11. 23.
아래, 폐허가 된 종로구 내수동 일대. 1950. 10. 18.

폭격으로 모두 파괴되고
굴뚝만 남은 도시.
원산, 1950. 11. 20.

미군기들의 폭격으로 불타고 있는 낙동강 일대. 1950. 8. 18.

위, 달리던 열차가 폭격을 맞아 탈선한 채 불타고 있다. 1950. 12. 17.
아래, 미군 전투기의 공격으로 불타고 있는 한강 북쪽의 북한군 진지. 1951. 3. 5.

7월과 8월, 네 차례에
걸쳐 B-29기에 의해
폭파된 원산정유공장.
1951

포연이 치솟고 있는 인천역 일대. 1951. 1.

불타고 있는 인천역 일대. 1950. 9. 16.

수복 후 잔당 소탕작전으로 건물에 불길이 치솟고 있다.
서울, 1950. 9. 29.

폭격으로 불타고 있는 집의 불을 끄는 가족들.
원주 교항리, 1951. 2. 23.

위, 난장판이 된 대전역 구내. 1950. 9. 30.
아래, 마을로 진입하고 있는 미군 탱크. 경북 예천, 1950. 7. 24.

위, 파괴된 한강 철교.
아래, 파괴된 흥남 송전소. 1950. 11. 18.

전쟁의 상흔이 그대로 남아 있는 거리.
서울, 1950. 10. 6.

전화에 그을린 종로 기독교회관 건물.
서울, 1950. 10. 6.

폭격 직후 불타고 있는 도시. 1950

폐허가 된 도시. 서울, 1950. 11. 4.

폭격으로 파괴된 건물, 서울, 1951. 8. 20.

앙상하게 뼈대만 남은 건물 아래에서 놀고 있는 두 소년.
인천, 1952. 10. 2.

1·4후퇴 전날 밤, 불길이 치솟고 있는 건물, 서울, 1951. 1. 3.

화신백화점 부근. 서울 종로, 1950. 10. 6.

서울역. 1950. 10. 1.

국기게양대에 인공기가 걸려 있는 수복 전날의 중앙청.
서울, 1950. 9. 27.

서울수복 기념식에 맥아더 원수가 참석한다고 하여
중앙청 주변 경비를 강화는 군인들.
서울, 1950. 9. 29.

서울 수복 후 유엔 깃발이 휘날리는 중앙청 광장. 1950. 9. 29.

반토막난 수원의 장안문, 1951. 1. 25.

파괴된 거리.
서울, 1950. 10. 6.

폐허가 된 세종로,
서울, 1950. 11. 1.

폐허가 된 집터에서 아이를 안고 있는 여인. 서울, 1951. 3.

학살과 처형

후퇴하던 북한군에 의해 처형된 3백여 명의 정치범들. 대전, 1950. 10. 4.

위·아래, 학살된 가족의 시신을 찾고 있는 유족들. 함흥, 1950. 10. 10.

북한군이 동굴에 불법 감금한 300여 명의 정치범이 질식해 사망했다.
유엔군이 점령 후 수습한 시신들을 확인하며
울부짖는 유족들, 함흥, 1950. 10. 19.

가장의 시신을 찾은 후 통곡하는 가족들. 전주, 1950. 9. 27.
오른쪽 위, 학살 후 암매장된 시신을 수습중인 마을 주민들. 충주, 1950. 9. 29.
오른쪽 아래, 학살된 시신들. 원산, 1950. 10. 14.

중공군 시신을
밧줄로 끌어
옮기는 군인들.
1951. 5. 24.

위·아래, 시체더미에서 아들을 찾는 아버지. 함흥 덕산광산, 1950. 11. 14.

위, 들길에 나뒹굴어 있는 피란민 시신. 1950. 8. 25.
아래, 논두렁 수로에 머리를 박고 숨을 거둔 북한군 병사. 경북 영덕, 1950. 7. 29.

중공군 시신. 1951. 5. 17.

540

중공군 시신을 매장하고 있다. 1951. 5. 17.
왼쪽 위·아래, 전투중 사살된 중공군 시신. 1951. 5.

위, 동굴에서 학살된 시신을 수습하는 사람들. 함흥, 1950. 10. 10.
아래, 학살된 북한 주민들. 평양, 1950. 10. 22.

위, 학살된 시신들. 원산, 1950. 10. 14.
아래, 들길에 나뒹굴어 있는 피란민 시신. 1950. 8. 25.

여성 부역 혐의자들의 시신. 함흥, 1950. 10. 10.

학살 현장에서 가족을 찾는 여인. 전주, 1950. 9. 29.

학살 현장에서 가장의 시신을 찾는 가족. 전주, 1950. 9. 27.

CONFIDENTIAL

COUNTRY: Korea

REPORT NO. F-93-50 WDGS -- INTELLIGENCE REPORT I. D. NO. 663337

SUBJECT: Photographs of Communist Execution at Seoul, Korea

FROM: ARMA, Seoul, Korea REFERENCES: BID

EVALUATION: DATE OF INFORMATION: April 1950 DATE OF REPORT: 26 April 1950

INCL 1 PREPARED BY: BOB E. EDWARDS Lt Col GSC SOURCE: OSI Dist #8

SUMMARY OR SID REPORT: Pictures showing normal execution at Seoul, Korea, 14 April 1950.

COMMENT: The enclosed set of 15 pictures shows a normal execution as carried out quite frequently in South Korea. The thirty-nine (39) victims were all confessed Communists, convicted for subversive activities agains the government of Republic of Korea. Execution was by Military Police under supervision of Provost Marshal of KA. Execution took place at 1500 hrs on 14 April 1950 in the hills about ten (10) miles NE of Seoul. No newspaper correspondents were observed and no mention of this particular execution has been noted in press to date--eleven days afterwards. Observers at execution included approximately two hundred (200) KA personnel and half dozen American army officers, including Army Attache. Pictures were taken with Leica camera by Mr Donald Nichols, OSI Dist #8. The victims were singing the Communist song and giving cheers for the leaders of North Korea when the firing squad opened fire. They faced the squad with a sullen attitude and died bravely.

BOB E. EDWARDS
Lt Colonel GSC
Army Attache

1 Incl -
Folder w/15 photographs

NOTE: This document contains information affecting the national defense of the United States within the meaning of the Espionage Act, 50 U. S. C.-31 and 32, as amended. Its transmission or the revelation of its contents in any manner to an unauthorized person is prohibited by law.

OCS FORM 17A

CONFIDENTIAL

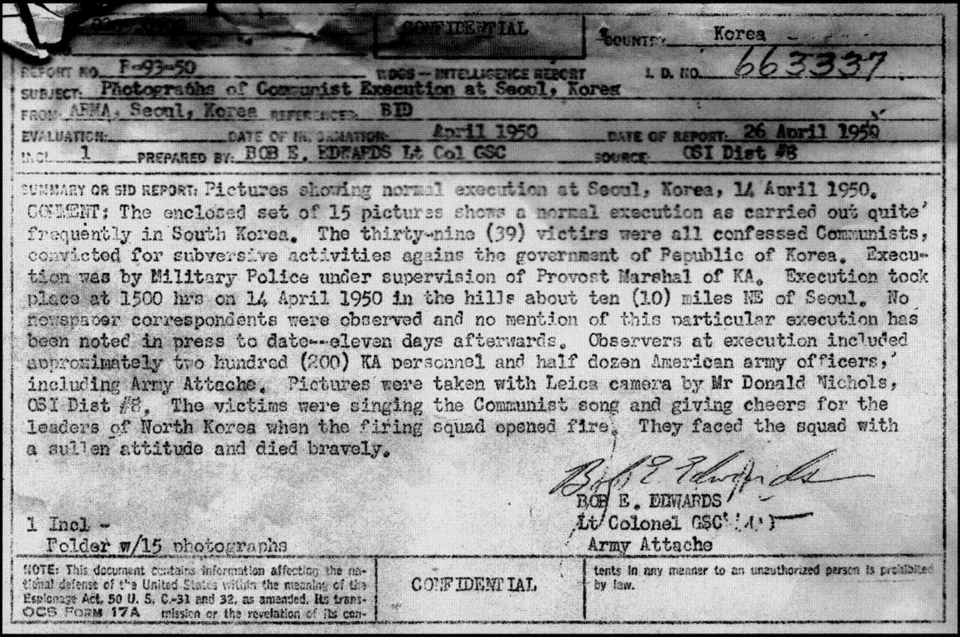

위의 비밀문서는 재미사학자 이도영 박사가 NARA(미 국립문서기록보관청, National Archives and Records Administration)에서 발굴한 자료들로 그 내용은 다음과 같다.

서울 근교 좌익사범 처형 1950. 4. 14

요약: 1950년 4월 14일 한국 서울에서 정상적인 처형을 보여주는 사진들.

내용: 첨부된 15매의 사진들은 한국 서울에서 아주 빈번하게 수행되었던 것으로, 정상적인 처형을 보여준다. 39명의 희생자들은 대한민국 정부를 전복하려는 활동을 한 것으로 판정된, 모두 자백한 공산주의자들이다. 처형은 한국군 헌병대장의 감독 하에 헌병들에 의해서 집행되었다. 처형은 서울의 동북쪽 약 10마일 떨어진 언덕에서 1950년 4월 14일 15:00시에 있었다. 처형을 관람한 사람들은 약 200명의 한국군 인사들과 미 육군 무관을 포함한 6명의 미군 장교들이 포함되어 있었다. 사진들은 OSI Dist #8 소속 Mr. Donald Nichols가 라이카 카메라로 찍었다. 희생자들은 공산주의자들의 노래를 불렀으며, 총격이 가해지자 그들은 북한 지도자 만세를 불렀다. 그들은 총살 집행관들을 담담한 태도로 바라보았으며 용감하게 죽어갔다.

육군 무관 중령 밥 에드워드

첨부: 사진 15매가 포함된 서류철

사형집행장으로 끌려나온 '공산 게릴라'로 판결을 받은
39명의 사형수들.

기둥에 결박된 사형수를 향해 도열한 2백여 명의 헌병 사격수들.
헌병 지휘관이 미 군사고문관(중절모를 쓴 사람)으로 보이는 사람을 향해 걸어가고 있다.

낫을 들고 사형수를 묶었던 새끼줄을 끊고 관에 넣을 준비를 하는 헌병.
사형수의 머리 한쪽이 확인사살로 파열되었다.

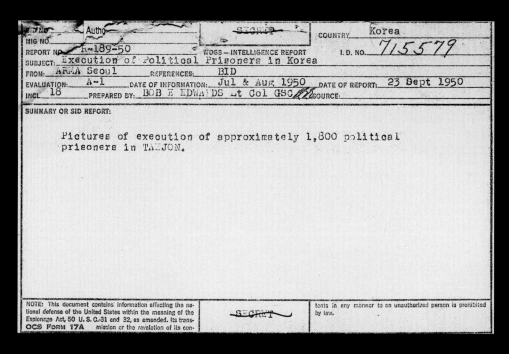

대전형무소 정치범 처형 비밀문건 보고서 표지:

정보급수 : A-1(가장 믿을 만한 정보)

정보수집일자 : 7-8월, 정보 보고일자 : 1950년 9월 23일

보고자 : 미대사관 무관 중령 밥 에드워드(Bob E. Edwards)

대전형무소에 수감되어 있던 약 1,800명의 정치범들을 처형하는 장면을 보여주는

18매의 사진이 들어 있는 문서이다.

대전형무소 정치범 처형 1950. 7월

사진 제공 / 이도영

The North Korean radio has recently made many claims about
brutality and mass executions in South Korea. Although claims
are probably exaggerated there have been some rather bloody
executions by South Korean Police since war started. It is
reported that when Seoul fell to North Koreans they released
thousands of prisoners from jails. It is the belief of the
Army Attache that thousands of political prisoners were executed
within few weeks after fall of Seoul to prevent their possible
release by advancing enemy troops. Orders for execution un-
doubtedly came from top level as they were not confined to towns
in front line areas.

It is the belief of the Army Attache that execution of
Prisoners of War by ROK troops have been confined to "on the spot"
jobs by front line troops, and that general treatment of Prisoners
of War after evacuation from front has been good.

Execution of 1800 (one thousand eight hundred) political
prisoners at TAEJON, requiring three days, took place during
first week in July 1950.

Pictures were taken by Major Abbott, Liaison Officer, GHQ
FEC, using Army Attache's Leica camera. Developing and printing
by members of attache office.

BOB E. EDWARDS
Lt Colonel GSC
Army Attache

18 Incle -
(execution photos)

북한 라디오 방송은 남한에서의 만행과 대량학살에 대해서 최근에 많은 주장을 해왔다. 주장들은 비록 과장된 것일 수도 있지만, 전쟁이 시작된 후 남한 경찰[헌병]들에 의한 상당히 무자비한 처형들이 행해져 왔다. 서울이 북한에 의해서 함락되었을 때 수천 명의 죄수들이 석방되었다는 보고가 있었다. 육군 무관부가 믿는 바로는 진격해 오고 있는 적군에 의해서 죄수들이 석방되는 것을 방지하기 위하여 서울 함락 후 1-2주 내에 수천 명의 정치범들이 처형되었다. 처형명령은 의심할 바 없이 최상부로부터 내려졌는데, 왜냐하면 그러한 처형들은 전선에만 국한된 것이 아니었기 때문이다.
〈중략〉
대전에 있는 1,800명의 정치범을 처형하는 데는 3일이 걸렸으며, 1950년 7월 첫째 주에 일어났다.
〈중략〉
육군무관 중령 밥 에드워드

첨부: 사진 18매가 포함된 서류철

수송차량 적재함에 '논산읍(論山邑)'이라는 표지가 선명한 트럭에서 끌어내려지는 대전형무소 정치범들.
오른쪽 위, 정치범들을 향해 총을 쏘는 경찰과 헌병.
오른쪽 아래, 함께 결박된 채 구타당하고 있는 두 정치범. 한 사람은 아랫도리가 벗겨졌다.

길게 파놓은 구덩이 둔덕 위에 죄수들을 엎어 놓고 등 뒤에서 총을 쏠 준비를 하는 모습.
오른쪽 위, 죄수들의 뒤통수에다 근접사격을 하는 경찰과 헌병들.
오른쪽 아래, 확인사살하는 헌병들.

시신을 정돈하고 있는 민간 청년단원들.
왼쪽 위, 죄수들의 시신들을 구덩이에 던져 넣는 민간 청년단원들.
왼쪽 아래, 구덩이의 시신을 정돈하는 민간 청년단원들

아비규환 속에서 용케 살아남았지만
곧바로 다시 처형된 사형수.

COUNTRY Korea

HG NO
REPORT NO. R-55-51
SUBJECT: Execution by ROK Army Military Police
FROM: ARMA Korea   REFERENCES: BID
WDGS — INTELLIGENCE REPORT
I. D. NO. 787462
EVALUATION: A-1   DATE OF INFORMATION: April 1951   DATE OF REPORT: 3 May 1951
INCL 7   PREPARED BY: BOB E EDWARDS Lt Col GSC   SOURCE: KMAG

SUMMARY OR SID REPORT:

The attached photos are forwarded for general information only.
These photos portray the typical method of execution employed by
South Korea. Victims were convicted of collaborating with the
Communists, and executed near Taegu sometime during the month of
April 1951. Photos were taken by a KMAG advisor and loaned to
the Army Attache Office for developing and printing. Further
information relative to names of victims, exact nature of offenses,
and other details not available.

7 Incls --
photos

NOTE: This document contains information affecting the national defense of the United States within the meaning of the Espionage Act, 50 U. S. C.-31 and 32, as amended. Its transmission or the revelation of its contents in any manner to an unauthorized person is prohibited by law.
OCS FORM 17A
MANUFACTURED BY OLD TOWN RIBBON & CARBON COMPANY, BROOKLYN, N. Y. APRIL 5, 1949

CONFIDENTIAL

대구 부역자 처형 1951. 4월
사진 제공 / 이도영

제목: 한국 육군 헌병에 의한 처형

요약: 첨부된 사진들은 총체적인 정보만을 위해서 전달된(forwarded) 것이다. 이 사진들은 남한 [군인들]이 기용한 전형적인 처형방법을 묘사하고 있다. 희생자들은 공산주의자들에게 부역한 혐의를 받았으며, 1951년 4월 어느 날, 대구 근교에서 처형되었다. 사진들은 한 KMAG 고문관(advisor)이 찍었고, 육군 무관부 사무실에 현상과 인화를 하도록 대여해 주었다. 희생자들의 이름과 그들이 어떤 범죄를 저질렀는지, 그리고 다른 상세한 정보는 알 수 없다.

첨부: 7매의 사진들

북한군에 부역한 혐의로 연행되어 온 대구 근교의 마을 주민들. 1951. 4.

미 고문관이 지켜보는 가운데 사격 준비를 하고 있는 헌병들.

부역자들이 등을 돌리고 있고, 실탄을 장전하는 헌병들.

구덩이 속의 부역자들을 향해
일제사격을 하는 헌병들.

처형 후 헌병들이 부역자 시신을 매장하고 있다.

9·28 서울 수복 후 색출한 북한군 부역자들을 연행하고 있다.
서울, 1950. 9. 29.

전쟁포로와 포로수용소

북한군 포로 세 명을
생포한 미 해병. 1950

응급치료를 받고 있는 북한군 포로. 1950. 8.

연행되는 북한군 포로. 1950. 9. 17.

북진하는 유엔군에 연행되는
북한군 패잔병. 1950. 10. 2.

연행되는 북한군 포로. 1950. 9. 17.

전투중에 생포한 포로들을 인솔하고 있는 미 해병대. 1950. 10.

헬기에서 내려다본 원산비행장 활주로를
지나는 북한군 포로 행렬. 1950. 10. 16.

손을 들고서 투항하는 어린
북한군. 1951. 5. 29.

투항하는 두 북한군. 강원 횡성, 1951. 2. 24.

미 해군 함대 맨체스터 호의 검문에 나포된 어선에 타고 있던 세 명의 북한군.
서해 연안, 1951. 5. 10.

귀순의 표시로 귀순권유 전단지를 들어 보이는 북한군 군관.

투항하는 중공군. 1951. 5. 21.

인천상륙작전 후 포로로 붙잡힌 북한군. 인천, 1950. 9.

국군 헌병에게 체포되는 북한군 병사. 1950. 7. 5.

투항하는 북한군 전사. 1951. 9. 20.

북한군을 생포하고 있는 유엔군. 1950. 8. 12.

지프로 연행된 북한군 포로. 대전, 1950. 10. 18.

낙동강 전투에서 붙잡힌 북한군 포로. 1950. 9. 4.

서부전선에서 체포된 중공군. 1950

위, 북한군 부역 혐의자를 억류중인 미군. 1950. 8. 28.
아래, 시가전 끝에 생포된 북한군 패잔병들. 인천, 1950. 9. 16.

전투중 생포된 포로들. 1951. 4.

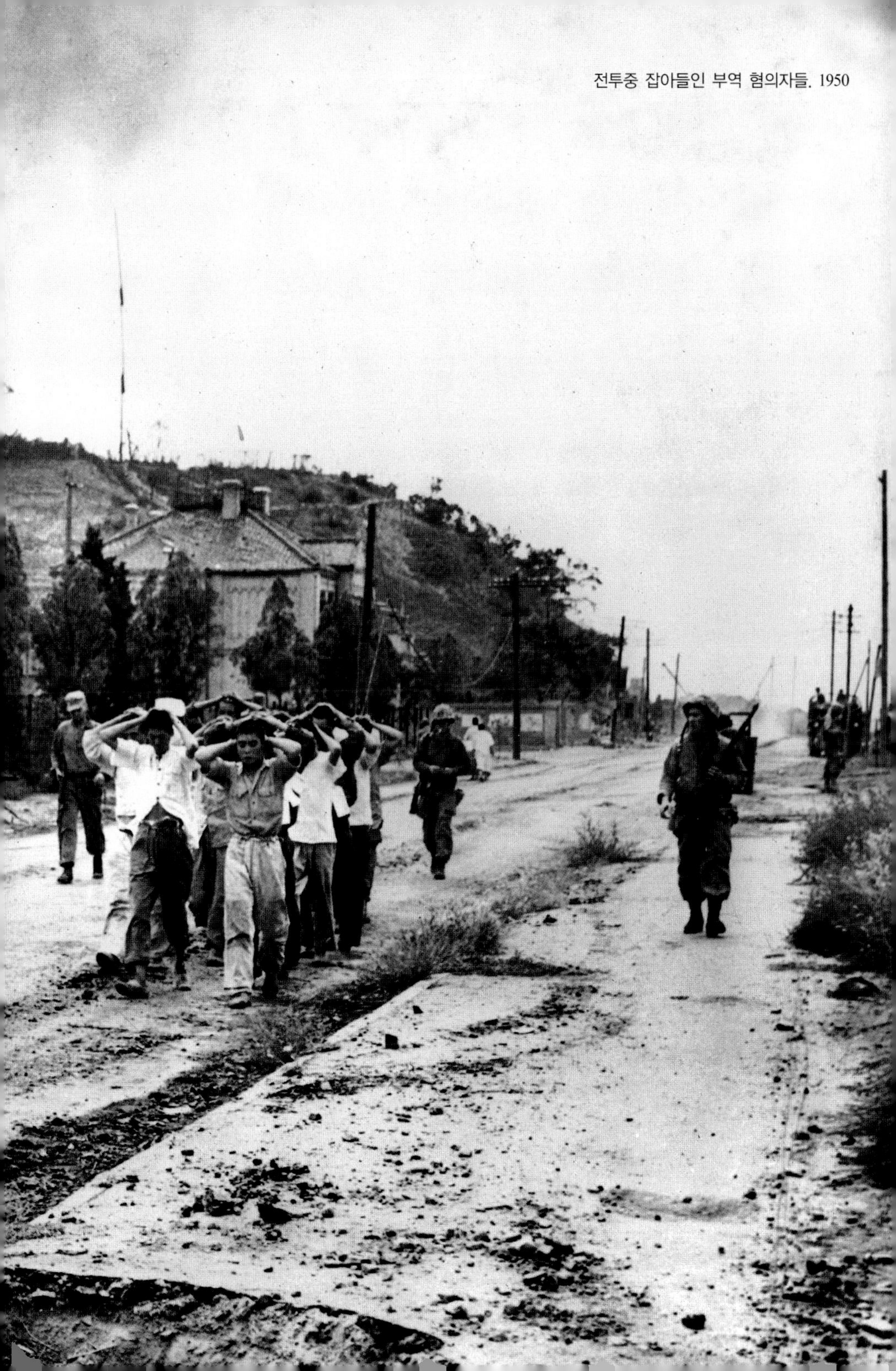

전투중 잡아들인 부역 혐의자들. 1950

포로들을 검색하는 미군들. 1950. 9. 20.

위, 포로들을 검색하는 미군들. 1950. 9. 22.
아래, 유엔군에게 체포된 북한군 게릴라. 영흥, 1950. 11. 15.

벌거벗긴 채 심문을 받고 있는 북한군 포로. 1950. 8. 18.

머리에 손을 얹고 대기중인 북한군 포로들. 1950. 9.

손수 그린 태극기를 들고 살려달라고 애걸하는 학생과 엎드려 있는 북한군 병사.
평양, 1951. 10. 21.

공산군측 포로.

미군에 의해 억류된 북한 주민들. 1951. 10. 1.

공산 게릴라 혐의로 체포된 주민들. 1950. 11. 4.

북한군에 부역한 혐의로 격리 수용된 부녀자들.

중공군 포로들. 1951. 3. 3.

북한군 포로들, 인천, 1950. 10. 2.

추위에 떨고 있는 중공군 포로들. 1951. 2.

위, 수용소에 도착하여 하차하고 있는 포로들. 1951. 2. 26.
아래, 포로와 부역 혐의자들을 포로수용소로 인솔하는 헌병. 부산, 1950. 9. 27.

미 해군 함정에 실려 온 북한군 포로. 부산, 1951. 1. 18.

포로로 붙잡힌 어린 북한군 병사들. 1950. 8. 9.

열세 살 난 중공군 소년 포로. 1951. 5. 29.
오른쪽 위, 추위에 잔뜩 움츠린 중공군 포로. 함흥, 1950. 12. 15.
오른쪽 아래, 추위에 떨고 있는 포로들. 1951. 1. 8.

심문 대기중인 포로들. 1950. 10. 18.

부산으로 송환되기 직전 부두에 대기중인 북한군 포로들. 원산, 1950. 11.

인천상륙작전 후 생포한 북한군 포로들.
인천, 1952. 9. 17.

부역 혐의로 연행된 여인들. 강원 양구, 1951. 6. 18.

심문을 기다리고 있는 두 명의 북한군 포로. 1950. 8. 5.

투항한 중공군 포로들. 1950. 11. 24.

서울 신당동에서 붙잡힌 북한군 두 소년병을 심문하는
미군 병사. 1950. 9. 28.

심문을 받고 있는
북한군 병사.
1950. 8. 18.

미군 심문관에게 답하는 북한 소년병 포로(가운데는 통역 비서). 1950. 8. 18.

포로들의 신상을 조사하는 심문관. 1950. 8. 18.

포로수용소 포로들의 몸에 DDT를
살포하는 미군. 1952. 5.

포로가 된 북한군 병사. 1950. 8. 26.

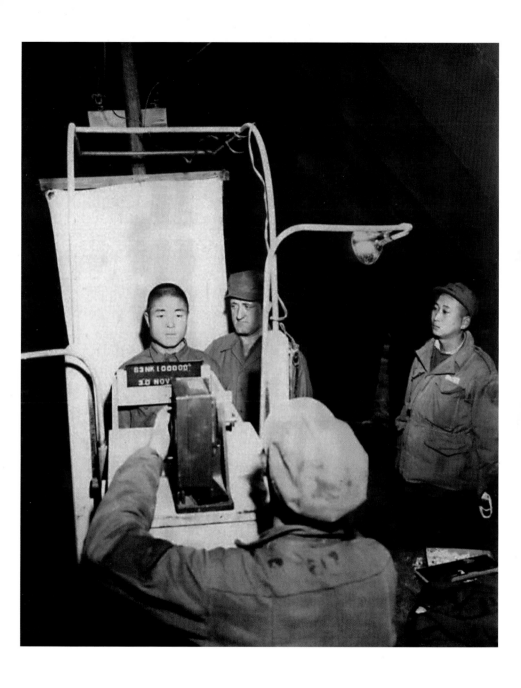

임시 포로수용소에서의 포로 촬영. 부산, 1950. 12. 1.

부산 근교의 임시 포로수용소. 1951. 4.

따뜻한 봄볕을 즐기고 있는 포로수용소의 중공군 포로들.
거제도, 1953. 3. 20.

어머니께 편지를 쓰고 있는 중공군 포로. 거제도 포로수용소, 1952. 3. 20.

송환을 위한 포로 분류작업을 하고 있다. 거제도 포로수용소, 1953. 4. 11.

식사집합한 포로들. 1950. 10. 19.

나이가 많은 포로와 함께 포즈를 취한 13~17세의 어린 포로들.
거제도 포로수용소.

임시 포로수용소에서 몸을 닦는 포로들. 부산, 1950. 9. 2.

포로수용소에서 신발을 수선하는 포로. 거제도, 1952. 7.

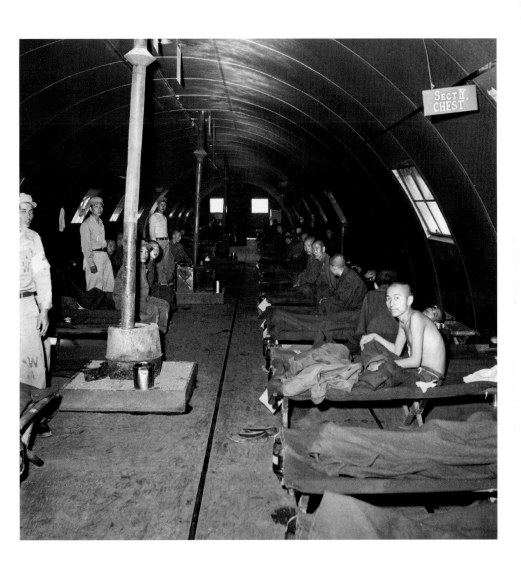

임시 포로수용소 의무실. 부산, 1951. 4.

임시 포로수용소에서 배식을 받는 포로들. 부산, 1950. 8. 18.

위, 임시 포로수용소에서 배식중인 포로들. 부산, 1950. 10. 19.
아래, 임시 포로수용소에서 심문을 받기 위해 줄을 서서 기다리는 포로들.
부산, 1950. 8. 25.

임시 포로수용소 천막 안에서 식사를 하고 있는 북한군 포로들. 부산, 1950. 8. 18.

임시 포로수용소의 식사시간. 부산, 1950. 8. 24.

포로수용소에서의 식사 배식. 거제도.

북한군 포로들에게 배식될 주먹밥. 1950. 8. 10.

포로들의 식사시간. 부산, 1950. 8.

북한군 포로와 부역 혐의로 체포된 이들의 식사시간. 경기 구리, 1951. 1. 12.

부산 근교에 임시로 설치한 포로수용소. 1951. 2. 26.

포로수용소 우편함에 자기가 쓴 편지를 넣는 한 포로.

팔뚝에다 '반공' 문자를 새긴 중공군 포로.
오른쪽, 임시 포로수용소의 한 여성 포로. 부산, 1951. 1. 12.

중공군 포로에게 DDT를 살포하는 미군. 1951. 5. 10.
왼쪽, 임시 포로수용소에 수용된 북한군 포로. 1951. 10. 29.

투항한 북한군 병사. 1950. 8. 22.

옹진전투에서 한쪽 다리를 잃은 특무상사. 1950. 10.

구급차로 후송되는 부상 포로.
판문점, 1953. 4. 13.

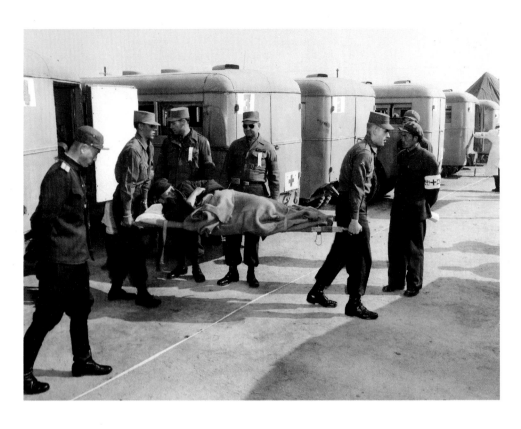

후송되는 유엔군측 부상 포로. 판문점, 1953. 4. 22.

북한에 억류된 포로들의 송환을 맞이하려고 기다리는 한국군 고위층과 국회의원들.
판문점, 1953. 8. 16.

북으로의 귀환을 거부하는 포로와
설전을 벌이고 있는 북한측 대표.
판문점, 1954. 2. 16.

자유중국으로 돌아가기를 희망한 중공군 포로들이
트럭을 타고 인천항으로 이동하고 있다.
1954. 1. 20.

청천백일기, 태극기, 성조기와 장제스 총통의 사진을 들고 행진하는
자유중국으로 돌아가기를 희망한 중공군 포로들. 1954. 1. 20.

본국으로 송환을 거부하는 중공군 포로들이 행진하고 있다. 판문점, 1953
오른쪽 위, 자유중국을 선택한 중공군 포로들. 판문점, 1953
오른쪽 아래, 중공군 반공포로들을 환영하는 자유중국 관계자들. 문산, 1953

북으로 돌아가는 북한군 포로. 판문점, 1953. 10. 11.
왼쪽 위, 북에서 당한 부당한 대우에 혈서로써 항의하는 귀환 국군 포로. 1953. 8. 5.
왼쪽 아래, 수송선에서 내리는 부상당한 북한군 포로. 부산, 1953. 4. 21.

열차 밖으로 플래카드를 내걸고 북한으로 돌아가는
북한군 여성 포로들. 1953. 8. 6.

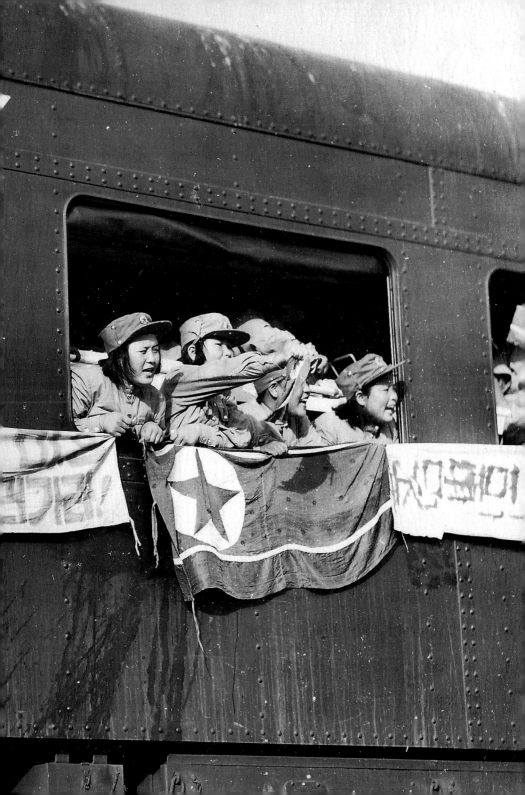

목이 터져라 노래를 부르며 북한으로 돌아가는 북한군 여성 포로들. 1953. 8. 6.

남과 북을 마다하고 끝내 중립국으로 가는 북한군 포로들. 1954. 1. 20.

유엔군측이 지급한 옷을 벗거나 찢어서 도로가에다 버린 채
북으로 돌아가는 북한군 포로들. 판문점, 1953. 8. 12.

방금 석방되어 태극기를 들고 구호를 외치는 반공포로, 1953

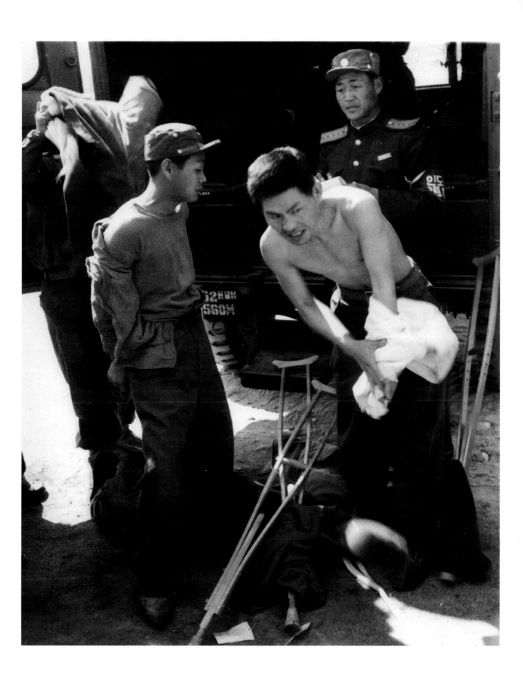

유엔군측이 제공한 옷을 벗어 던지는 북한군 포로. 1953. 7. 5.

강제로 정치학습에 동원된
미군 포로들, 1950

플래카드를 들고 시가지를 행진하는 미군 포로들. 서울, 1950. 8.
왼쪽, 반전 플래카드를 들고 서울거리를 행진하는 미군 포로들. 1950. 8.

북한군에 억류된 미군 포로들. 1950

한강을 건너 북으로 연행되는 미군 포로들. 1950

북한군에게 채포되어 수용소로 끌려가고 있는
미군 포로들. 한강변. 1950

북한군에게 체포되어 억류된 미군 포로들. 1950

북한의 포로수용소에 수용되어 있는 미군 포로들. 1952. 1. 7.

휴전회담

휴전회담 미군측 대표단 임시 야전숙소.
판문점, 1951. 11. 1.

위, 첫 휴전회담 장소였던 개성의 한 고급 요정 내봉장(來鳳莊). 개성, 1951. 7. 8.
아래, 휴전회담장 내부. 개성, 1951. 7. 18.

공산군측이 유엔군측 휴게소로 제공한 인삼장으로, 유엔군측은 이곳에
베이스 캠프를 마련했다. 개성, 1952. 9. 2.

휴전회담장을 나서고 있는 북한측 대표. 1951. 11. 28.
오른쪽 위, 휴전회담장의 유엔군측. 왼쪽은 참모 이수영 중령, 오른쪽은 키니 대령. 개성, 1951. 7. 8.
오른쪽 아래, 휴전회담장의 북한측과 중공군측 대표. 개성, 1951. 7. 8.

휴전회담장 부근의 유엔군측 헬기 기장과 북한측 안내원.
개성, 1951. 7. 8.

위, 헬기에서 내린 유엔군측 휴전회담 실무자를 맞이하는 북한측 실무자들. 개성, 1951. 7. 8.
아래, 휴전회담을 위한 유엔군측 실무자들과 북한측 실무자들의 첫 만남. 개성, 1951. 7. 8.

공산측 대표들이 휴전회담 후 회의장을 벗어나고 있다. 1953. 4. 6.
왼쪽 위, 공산측 휴전회담 실무자들(왼쪽부터 중공대표 화슈엔, 왕췌, 북한대표 이상조, 이평, 미상). 1953. 4. 6.
왼쪽 아래, 휴전회담장에 나타난 공산측 대표. 오른쪽부터 중공군 대표 사방(謝芳), 등화(鄧華),
가운데가 남일 대장, 이상조 소장, 장평산 소장. 개성, 1951. 7. 16.

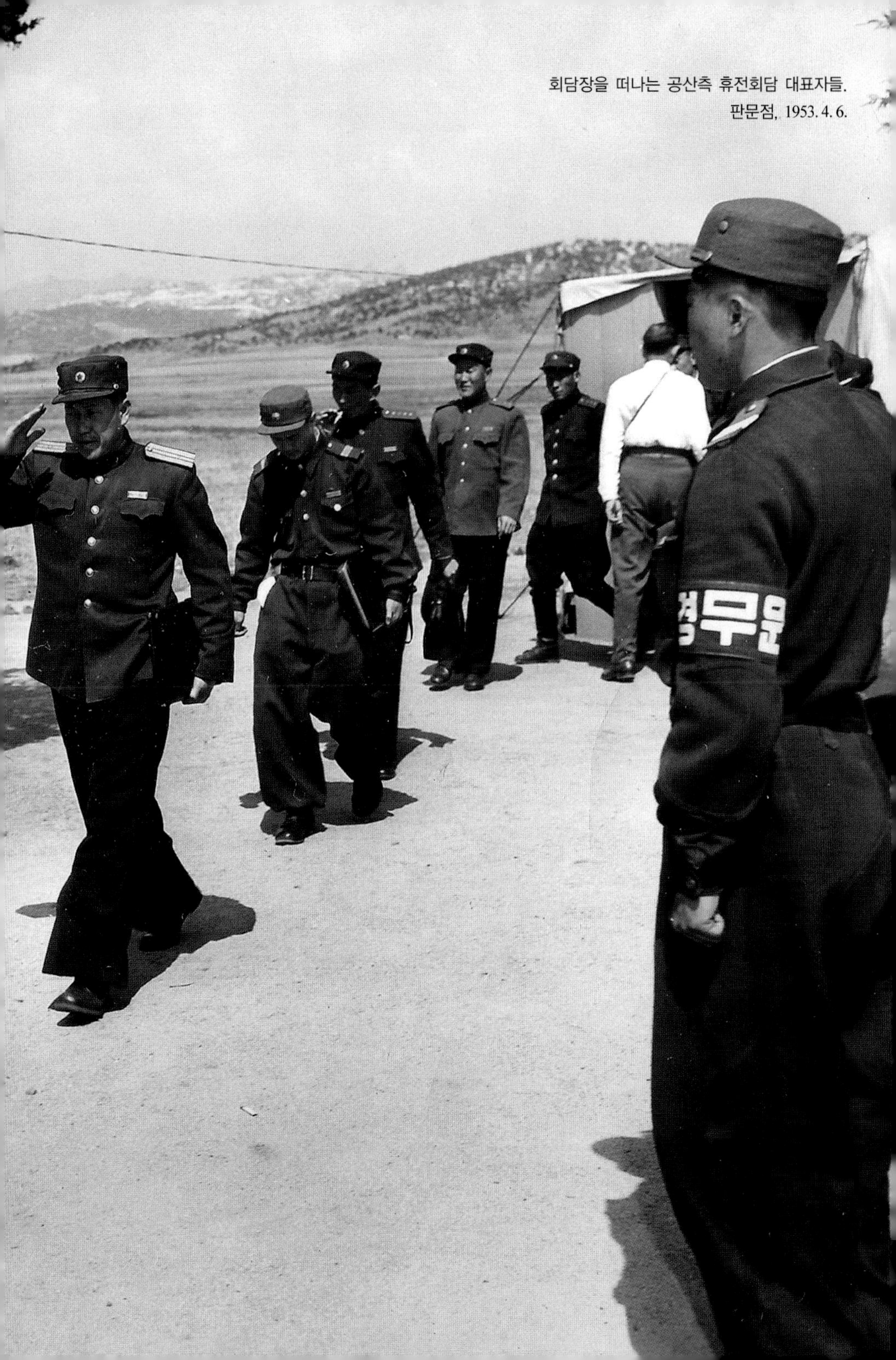

회담장을 떠나는 공산측 휴전회담 대표자들.
판문점, 1953. 4. 6.

한국인들이 시위 후 유엔군측에 전달한
휴전 결사반대 플래카드. 1953. 6.

북한측 휴전회담 대표 남일. 1951

휴전회담장에 도착하는 유엔군측 대표 조이 미 해군 제독. 개성, 1951. 7. 16.

휴전회담에서 지도를 펴놓고 휴전선에 대하여 논의하는
양측 실무자들. 1951. 10. 11.

정전문서에 서명하는 유엔군 사령관 클라크 장군. 문산, 1953. 7. 30.

휴전회담 조인식에서 쌍방 합의서에 서명하는
미군측 해리슨 제독과 북측의 남일 대장. 1953. 7. 27.

심리전 전단과 포스터

북한군이 살포한 귀순권유 전단.

북한군이 살포한 신변안전 보증서.

유엔군이 만들어 살포한 투항권고 전단. 1950. 11. 9.
왼쪽 위, 공산군이 살포한 국군 투항권고 전단.
왼쪽 아래, 심리전의 일환으로 뿌려진 각종 선전물. 1952. 3.

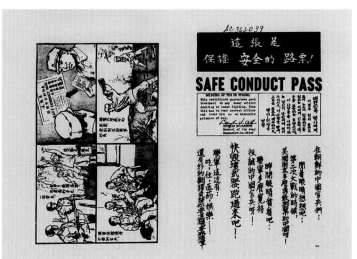

유엔군이 살포한 북한군 투항권고 전단. 1950. 12. 18.

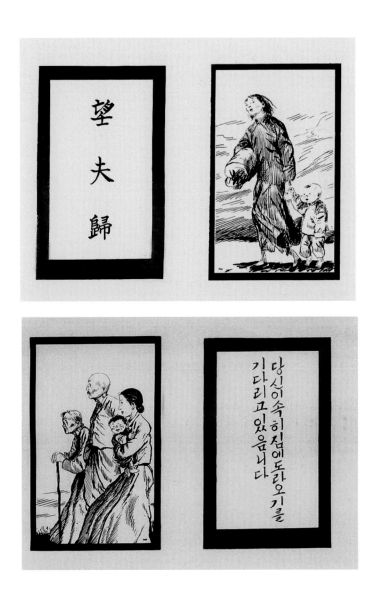

望夫歸

당신이속히집에도라오기를 기다리고있읍니다

항수를 자극해 중공군을 투항하게 하려는 전단. 1951. 3. 26.

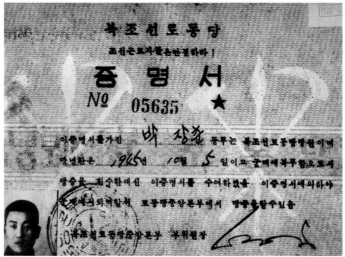

위, 선동원수첩.
아래, 북조선로동당 증명서.

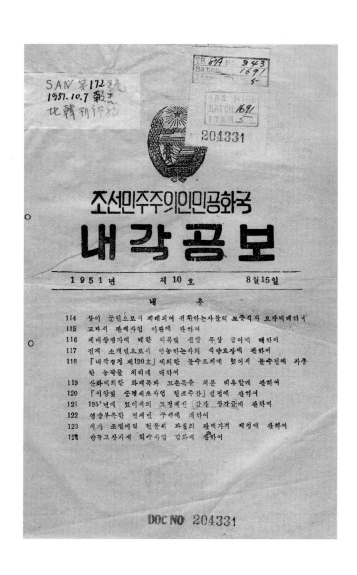

조선민주주의인민공화국
내각공보

1951년   제 10 호   8월15일

내 용

내각공보.

국군 귀순권유 전단.

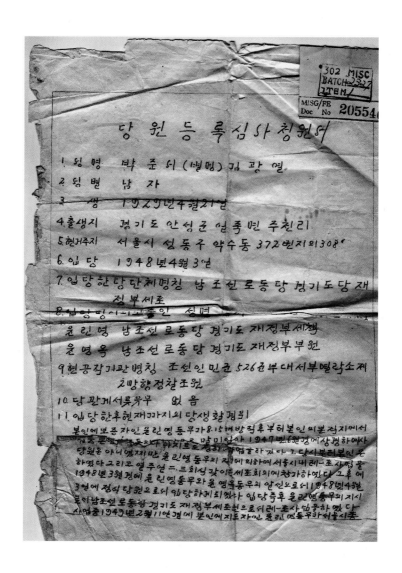

당원등록심사청원서

1. 당 영   박 준 식 (별명) 김 광 열
2. 당 별   남 자
3. 생   1929년 4월 21일
4. 출생지   경기도 안성군 일죽면 주천리
5. 현거주지   서울시 성동구 약수동 372번지의 308?
6. 입 당   1948년 4월 3일
7. 입당한당단체명칭   남조선로동당 경기도당 재
   정부세포
8. 남양망시 의고을인 신메

   윤 린 영   남조선 로동당 경기도 재정부세핵
   윤 영 옥   남조선 로동당 경기도 재정부부원
9. 현 공작기관 병칭   조선인민군 526군부대 서부멜랑소제
   2 망향정찰조원
10. 당판계서류유무   없음
11. 입당한후현재까지의 당생활경위

본인에보증 자인 윤 린영 동무가 8.15해방직후부터 본인 의본적지에서 ... 말미암 아 1947년 6월경에 상경하여사 ... 에돌로 정부 ... 업할하 ... 당 ... 당 ... 부러본인 은 하여다 그리고 영 주연 ... 로회심 ... 의에 참가하였다 그후 에 1948년 3월경에 윤 린영 동무와 윤 영옥 동무의 알선으로 ... 1948년 4월경 3 형에 정식 당원으로의 입당하게 되었다 ... 입당 즉후 윤 린영 동무의 지시 ... 남조선 로동당 경기도 재정부세포선으로의 ... 사업하 ... 았 다 ... 사업중 1949년 2월 11일 경에 본인에 지도자인 윤 린 동무과 이월지후

북한군이 게시한 선전벽보. 1950. 9. 27.

국군과 유엔군의 사기를 북돋우기 위해 세운 게시판. 1952. 9. 20.

위, 게시판에 나붙은 반공 포스터. 평양, 1951. 2. 25.
아래, 국방부에서 만든 반공 벽보. 강릉, 1950. 12. 22.

북한측의 선전벽보. 원산, 1950. 8.

한국전쟁의 비망록

역사는 내비게이션이다

불나방은 제 무리가 불에 뛰어들다 타 죽는 것을 빤히 보고도 저도 똑같이 하다가 타 죽는다. 파리도 마찬가지다. 파리통에 제 동족이 새까맣게 빠져 죽은 주검을 보고도 꾸역꾸역 한사코 그 통에 들어가 마침내 똑같은 처지가 된다. 이처럼 하등동물은 지혜나 학습이 없기 때문에 거듭 시행착오로 제 목숨을 잃고 만다.

그러면 고등동물이라는 사람은 어떤가. 사람도 이와 크게 다를 바 없다. 전임 대통령이 무리한 장기집권 끝에 비극을 당한 것을 보고도 자기만은 예외라고 후임 대통령이 같은 길을 거듭하다가 똑같은 비극을 맞기도 한다. 또 전임 대통령이 친인척 비리로 고개를 숙이며 대국민사과를 하는 것을 보고도 후임 대통령들이 각성하거나 조신치 않다가 똑같은 일을 반복한다. 이는 그들의 도덕성이 빈약하기 때문일 뿐 아니라 우리 사회 전반에 걸쳐 역사의식이 투철치 못한 까닭이다.

이른바 선진국이라는 나라는 역사를 아끼고 사랑하며 올곧게 기록하여 쌓아 가고 있다. 역사학자 김성식은 『내가 본 서양』에서 "영국 사람은 역사를 아끼며, 프랑스 사람은 역사를 감상하고, 미국 사람은 역사를 쌓아 간다"라고 했다. 그들은 비록 사소한 것일지라도 역사가 있으면 이를 아끼고 그대로 보존하며 원형을 손상치 않고자 심지어는 건물의 먼지를 닦는 것조차도 주저한다고 한다. 그들은 설사 조상의 어둡고 부끄러운 역사일지라도 있는 그대로 보존하면서 후손들에게 바른 역사를 일깨워 주고 있다. 이웃 중국도 오랜 굴종의 역사에서 해방된 뒤, 온 나라 곳곳에 있는 역사의 현장에다 '물망국치(勿忘國恥, 나라의 치욕을 잊지 말자)' '전사불망후사지사(前事不忘後事之師, 지난 일을 잊지 말고 후세의 교훈으로 삼자)'라는 글을 돌에 새겨 놓고 지난 치욕의 역사를 가르치고 있었다. 심지어 역사 현장에서 만난 한 역사학자(연변대 박창욱)는 "과거를 잊는 것은 반역자다"라는 극언도 서슴지 않았다. 이는 역사를 모르는 이는 하등동물처럼 거듭 시행착오를 하거나 역사의 시곗바늘을 되돌려 놓기 때문일 것이다. 더욱이 나라의 지도자가 역사를 모르거나 역사의식이 없으면 나라와 겨레를 나락에 떨어뜨리는 우(愚)를 저지르게 된다.

우리는 지난 역사를 통해서 비로소 바르고 슬기로운 삶의 길을 찾을 수 있다. 역사는 도로표지판이나 내비게이션, 곧 길 도우미와 같다. 우리가 도로표지판도 내비게이션도 없이 고속으로 길을 달리면 얼마나 위험한가. 인생길도 이와 같다. 선진국 백성들이 굳이 역사를 아끼고 사랑하고 감상하고 쌓아 가는 근본 까닭이 여기에 있다.

나라(NARA)에서 만난 한국전쟁

1950년 6월 25일 일요일 새벽 4시, 먼동과 함께 북위 38선에서 울려 퍼진 포성과 탱크의 캐터필러 소리로 시작한 한국전쟁은 마침내 1953년 7월 27일 일직선 38선에서 구불구불한 새로운 원한의 휴전선으로 바뀐 전선에서 포성이 멎었다. 3년 남짓 지루하게 계속된 한국전쟁은 승자도 패자도 없는 '끝나지 않은 전쟁' '잠시 쉬는 전쟁'으로 엉거주춤 막이 내렸다. 이 동족상잔의 참담한 전쟁으로 빚어진 피해는 피아 전사자 1백만여 명, 부상자 3백만여 명, 이산가족 1천만 명 이상을 양산했다. 또한 포성이 멈춘 한반도 전

메릴랜드 주에 있는 미 국립문서기록보관청 전경.

역은 초토화되어 도시와 마을은 온통 잿더미였다. 그리고 그새 60년이 훌쩍 지나갔다. 그때 혹독한 전쟁을 겪거나 길거리를 헤매던 전쟁고아들은 노인이 되거나 대부분 저 세상 사람이 되었다. 이제 한국전쟁에 대한 기억은 일부 기성세대에게만 가물가물 남아 있을 뿐이다.

2004년 2월 2일, 나는 워싱턴 근교 메릴랜드 주 칼리지 파크에 있는 미국 국립문서기록보관청(NARA, National Archives and Records Administration) 5층 사진자료실에서 'Korean War' 파일을 들치다가 전율했다.

1950년 6월 25일 한국전쟁이 일어날 당시, 나는 여섯 살 난 소년이었다. 그해 여름은 유난히 길고도 무더웠다. 하늘에서는 전투기의 굉음과 폭격소리로, 산과 들에서는 멀리서 가까이서 들려오는 대포소리와 기관총소리로 귀청이 멍멍했다. 논이나 밭, 들길에는 뽕나무 채반의 누에처럼 널브러진 시체들, 전투기들의 융단폭격으로 온전한 건물 하나 없이 온통 폭삭 주저앉은 도시와 마을…. 이런 장면들이 또렷하게 또는 희미하게 여태 내 기억 속에 남아 있다.

나라(NARA) 자료실 사진 상자에는 내 기억 속에 남아 있는 한국전쟁의 실상이 고스란히 담겨 있었다. 산길 들길 아무 데나 지천으로 흩어져 있던 시체더미들, 쌕쌕이(전투기)들이 염소 똥처럼 마구 쏟아 떨어뜨리는 포탄, 포화에 쫓겨 가재도구를 등에 지거나 머리에 이고 허겁지겁 뛰어가는 피난민 행렬, 배만 불룩한 아이가 길바닥에 버려진 채 울고 있는 장면, 흥남 부두에서 후퇴 수송선에 오르지 못해 발을 동동 구르는 모습, 유엔군이 다급하여 군복을 입은 채 그대로 바다로 뛰어 들어가서 수송선에 오르는 모습, 끊어진 대동강 철교 위로 꾸역꾸역 곡예 하듯 남하하는 피난민 모습, 꽁꽁 언 한강을 괴나리봇짐을 이고 진 피난민들이 어린아이를 앞세우고 건너는 모습, 부산 영주동 일대의 판자촌, 수원역에서 남행 열차를 하염없이 기다리는 피란민들….

북한측 노획물 자료도 입수하다

순간 나는 이 사진들을 모두 가져다가 우리나라 사람, 특히 한국전쟁을 잘 모르는 세대들에게 보여주고 싶었다. 하지만 현실적으로는 불가능하던 차 다행히 자료실에서 스캔이 허용되기에 재미동포들의 도움을 받으며 2004년 2월 4일부터 그해 3월 12일까지 40일간 수십만 매의 사진자료를 들춰 그 가운데 480여 매를 골라 입수해 왔다.

귀국 후 2004년 6월 25일 눈빛출판사에서 『지울 수 없는 이미지』라는 제목으로 사진집을 펴냈다. 이 사진집이 나오자 언론들이 대서특필하고, 독자들의 성원도 컸다. 나는 분외의 성원에 나라(NARA)에서 미처 들춰 보지 못한 사진들이 눈에 어른거려, 이듬해인 2005년 11월 27일 다시 워싱턴행 비행기에 올랐다. 1차 방미 때 곁에서 도와주신 박유종 선생(임시정부 박은식 대통령의 손자)이 다시 소매를 걷어 주었다. 그해 12월 10일까지 10여 일 동안 아카이브에 매일 아침 가장 먼저 출근하여 마지막 퇴근자로,

나라(NARA) 자료실을 뒤져 모두 770여 매의 한국전쟁 사진을 입수한 뒤 귀국하여 『지울 수 없는 이미지 2』와 『나를 울린 한국전쟁 100장면』을 엮었다.

그러고도 나의 갈증은 풀리지 않아 2007년 2월 26일 다시 워싱턴으로 날아가 그해 3월 12일까지 2주 동안 많은 사진과 기록물들을 찾아냈다. 2007년 3월 6일에는 재미동포 박유종 선생과 함께 버지니아 주 남쪽 항구도시 노폭(Norfolk)의 맥아더기념관을 찾았다. 그곳에서 맥아더 장군의 전 생애, 특히 만년의 맥아더 모습을 가지런히 볼 수 있었다. 한국전쟁에서 유엔군측의 대역전 전환점이 된 맥아더 장군의 인천상륙작전, 전선시찰, 그리고 만주 원자탄 투하 주장으로 마침내 맥아더 장군이 "노병은 죽지 않고 다만 사라지는" 장면까지 일목요연하게 볼 수 있었다.

중앙청 9·28 서울수복 기념식장에서 이승만 대통령이 맥아더 장군의 손을 잡고 감사를 표하는 사진에서는 이승만 대통령의 눈에 눈물이 서린 듯

NARA 자료보관실.

보였다. 아무튼 맥아더기념관의 한국전쟁 관련사진들은 대한민국 역사의 귀중한 한 장면들이라 시간이 허용한 대로 최대한 입수해 왔다.

3차 작업 수확은 모두 496장으로 대부분 유엔군측 종군기자들이 찍은 한국전쟁 사진들인데 여기에는 유엔군들이 북한군과 중공군에게 노획한 사진과 문서 파일도 50여 장 담겨 있다.

2007년 3월 8일부터는 재미 사학자 방선주 박사의 도움으로 북한측 노획물 180 파일 자료상자를 검색할 수 있었다. 방선주 박사는 20여 년간 나라(NARA)를 드나들며 한국 관련문서 리서치 작업에 전력해 온 전문학자다. 북한측 노획물 자료상자 RG 242 Box 23에서 '남하(남파) 공작대원 명단'을 보고서는 새삼 기록의 무서움을 느꼈고, 세포수첩의 암호문에서는 비밀 공산당 조직의 한 단면을 보았다.

전선으로 간 남편에게 보낸 한 북한군 아내의 편지는 이데올로기를 초월하여 눈시울을 적시게 했다. 아내는 일자 무식꾼으로, 마을에 글을 아는 이가 대필한 편지였다.

Execution of North Korean Guerrilla forces

맥아더기념관에 보관되어 있는 한국전쟁 관계 사진 앨범 중에서.

"사랑하는 당신에게,

… 나는 4월 15일 몸을 풀었습니다. 그리하여 기섭(아들)이 누이동생을 탄생하였으며 장난꾸러기 기섭이도 잘 놀고 있습니다. … 저는 후방에서 승리의 그날까지 국가사업에 로력하면서 당신이 돌아올 날을 기다리며…."

휴전 뒤 이들 부부가 상봉하였는지 궁금했다. 이밖에도 북조선로동당 당원증명서, 빨치산들이 민폐를 끼치고 주민들에게 준 동해남부전구 빨치산 사령관 발행의 '원호증', 경상남도 진주시 인민위원회가 붙인 식량과 피복 원조를 부탁한 벽보와 조선인민유격대 전라남도 곡성군 유격대 대장 김훈 이름으로 만든 선전 삐라 등, 처절했던 한국전쟁 당시의 시대상을 짐작케 하는 문서들이 쏟아졌다. 또 북한군이나 중공군의 호주머니에서 나온 가족이나 전우들의 사진, 그리고 공산군측이 노획한 미군들의 소지품 가운데서 나온 가족사진을 다시 미군이 노획한 사진도 있었는데, 사진 속의 주인공들은 휴전 뒤 가족 상봉하였는지 못내 궁금하였다.

감동의 사진들

2004년부터 3차에 걸친 방미기간 동안 나와 박유종 선생은 나라(NARA) 5층 사진자료실에서 하루에도 수천 수만 장의 사진을 살피면서 한국전쟁 관련사진을 찾았다. 자료실에 소장된 사진 상자를 들출 때마다 수십 년 묵은 먼지를 마시는 고통도 있었지만, 지난 역사를 반추하는 즐거움도 있었다. 15, 6세의 애송이 북한군 포로가 심문당하는 장면은 그가 교실에서 장난치다가 교무실로 불려 와서 담임선생에게 야단맞는 개구쟁이처럼 보였고, 포로수용소 천막 막사 앞에서 유엔군 포로감시병이 분무기로 이를 박멸하고자 포로들의 온몸에 DDT를 뿌리는 장면은 〈믿거나 말거나〉라는 프로를 보는 듯했다. 포로 중에는 남자뿐 아니라, 여자도 이따금 눈에 뜨였다. 앳된 단발머리 소녀가 'POW'라고 쓰인 낡은 군복을 입은 채 천막막사 앞에 서 있는 모습은 전쟁의 비극성을 더욱 실감케 했다.

국군 북한군 유엔군 중공군 가릴 것 없이 전사자들의 시신들이 가을 낙엽처럼 나뒹구는 장면도 숱하게 많았고, 전주 진주 대전 함흥 등지의 끔찍한 민간인 학살자 사진도 이따금 나왔다. 그 시신들이 철사줄로 꽁꽁 묶인 채로 누워 있는 장면 앞에서는 나와 박유종 선생은 깊이 묵념을 드렸다. 이런 참혹한 학살 사진들은 대부분 가해자에 대한 정확한 기록이 없었다. 이런 학살에는 어느 편도 자유롭지 못할 것이다. 전쟁은 멀쩡한 사람도 야수로 만들기 때문이다. 아마도 그 시신들의 영혼은 아직도 구천에서 헤매고 있을 것이다.

사진더미 속에는 이따금 감동적인 장면도 있었다. 전란으로 교실이 불타 버려 운동장에서 수업을 받는 한 소녀가 동생을 무릎에 앉힌 채 공부하는 장면과 다 쓰러져 가는 초가집 처마 아래에서 두 소년이 정답게 이야기하는 장면, 전란중에도 설날을 맞아 한복으로 예쁘게 설빔을 차려입은 소녀들이 동네 마당에서 널뛰기를 하는 장면들이었다. 사진 속의 아이들은 남루한 차림이지만 그들의 밝은 표정과 해맑은 미소가 전란을 겪는 아이들의 모습 같지 않았다.

이처럼 고난 속에서도 어려움을 모르고 살아온 백성들이기에 전후 잿더미에서 한강의 기적을 이루어 냈을 것이다. 새삼 우리 겨레의 강인한 저력을 확인케 하는 사진들이었다.

내가 본 사진 가운데 가장 감동작인 장면은 한 남정네가 시각장애인 아내를 지게에 지고 피란을 떠나는 장면(1950. 9)으로 아름다운 부부애의 극치였다. 그 사진을 찾고는 그 성스러움에 한동안 눈을 떼지 못했다.

나는 나라(NARA)에 드나든 총 60여 일 동안 수백만 파일의 기록물이 보관된 그 자료실에서 날마다 눈에 핏발을 세우며 문서상자를 훑었다. 영어에 서툰 내가 감히 이 일을 할 수 있었던 것은 오로지 곁에서 도와준 재미동포 박유종 선생 덕분이었다. 그분은 조부 백암 박은식 선생의 정신을 이어받은 탓으로, 한국전쟁 역사자료 복원에 매우 열성적이었다. 그밖에도

재미 사학자 이도영 박사, 재미동포 주태상, 이선옥, 이재수 씨 등의 노고
가 없었더라면 이 일을 감히 할 수 없었을 것이다.

한국전쟁의 비망록이 되기를…

1950년 6월 25일에 발발한 한국전쟁은 세계전쟁사에서 가장 비극적인
전쟁 중의 하나이다. 한 민족이 두 편으로 나뉘어 싸워야 했던 동족상잔의
전쟁이었고, 60년이 지나도 '끝나지 않은 휴전 상태의 전쟁'이기에 그렇다.
아직도 바다와 한반도를 가로지른 휴전선에는 긴장이 감돌고 이따금 우발
적인 총포소리가 들리고 있다. 전쟁의 비극을 모르는 일부 몰지각한 백성
들은 지난날의 아픈 상처를 전혀 모르고 있는가 하면 남북 양쪽의 극우·
극좌 매파들은 전쟁 불사를 공언하는 것이 현실이다. 이제 다시 이 땅에
전쟁이 일어난다면 1950년 한국전쟁보다 더 비극적인 전쟁이 될 것이다.
전쟁으로 한반도는 불바다가 되고 남북의 겨레가 함께 멸망하게 될 것은

불을 보듯이 뻔한 일이다.

마침 한국전쟁 60돌을 맞아 현대사 사진자료에 남다른 열정을 보이고 있는 눈빛출판사에서 그동안 나라(NARA)에서 입수해 온 사진자료를 통합하여 한국전쟁 사진집을 다시 출판한다고 하니 매우 시의적절한 기획이 아닐 수 없다.

한 장의 사진이 백 마디의 웅변보다 더 진실을 말하고 있다. 이 사진집이 한국전쟁의 진실을 이해하는 데 이바지하고 한반도 평화정착에 한 주춧돌이 된다면 그동안 나의 노고는 더없는 영광이 될 것이다. 일찍이 『손자병법』모공(謀攻) 편에는 "싸우지 않고 상대를 이기는 것이 최선(不戰而屈人之兵, 善之善者也)"이라고 경세(經世, 세상을 다스림)의 최상 방법을 가르치고 있다. 다시 한반도를 1950년 한국전쟁처럼 포화로 초토화시켜서는 안 된다. 이제 다시 전쟁이 일어난다면 현대 무기가 그때보다 수십 배 더 발달하여 남북 겨레가 모두 함께 죽는다. 앞으로 남북의 긴장완화와 분단된 조국통일은 반드시 평화적인 방법으로 해결해야 한다.

삼가 이 사진집을 조국의 평화 제단에 바친다. 이 사진집이 한국전쟁의 비망록으로 길이 역사에 남기를….

2010년 6월, 한국전쟁 60돌을 맞으며
원주 우산동 '박도글방'에서

한국전쟁 연표

저우언라이, 중소협상 결과 마오쩌둥에게 통보

마오쩌둥, 출병 보류명령 하달

10. 13. 중공, 소련 공군 지원 없이 출병 재확인

10. 14. 마오쩌둥, 지원군 10월 19일 압록강 도하명령 하달

10. 15. 트루먼/맥아더 웨이크섬 회담

마오쩌둥, 지원군 선발대 10월 17일 압록강 도하 지시

10. 16. 이대통령 유엔 소총회 결의(10. 12)에 항의 성명

중공군 선발대 압록강 도하

국군 제3군단 창설

이북지역에 비상계엄령 선포

10. 17. 국군 수도사단 함흥-흥남 탈환

북진한계선 선천-성진선으로 확대

중공, 지원군 본대 압록강 도하 재차 유보

터키 지상군 도착

10. 18. 중국 인민지원군, 압록강 도하 재명령

10. 19. 국군과 유엔군, 평양 탈환

인민지원군 본대 압록강 도하 개시

10. 20. 미 제187공수연대, 숙천-순천 공수 낙하

중공, 대유동에 지원군 사령부 설치

김일성·펑더화이 회담

10. 21. 미 제1군단, 평양에 군정 실시

10. 24. 맥아더, 미군 전진한계선 설정 철폐

유엔군 총공세(추수감사절 공세) 개시

국군 제2군단, 초산·만포진을 목표로 공격 개시

10. 25. 중공군과 충돌(운산·온정리·장진호), 중공군 제1차 공세(10월공세) 전개

중공군 한국전 참전 확인(국군 제1사단: 포로 획득)

국군 제6사단, 온정리 전투

10. 26. 국군 제6사단 제7연대 압록강변 초산에 도달

국군 및 유엔군, 박천·태천·운산·온정리·희천·이원까지 진격

미 제1해병사단 원산에 행정적 상륙

중공군 본대 추가(제50군, 제66군) 압록강 도하 개시

국군 제2군단 중공군 대병력과 충돌

10. 27. 정부 행정관서, 서울로 복귀

10. 29. 미 제7사단 이원 상륙

10. 30. 이대통령 유엔한국통일부흥단과 협력에 관한 담화(점령지역 군정과 통일문제에 관하여)

평양시민환영대회

11. 1. 미 제8군 청천강 남쪽으로 철수 개시

신의주 상공에서 유엔 전투기와 중공 전투기의 최초 공중전

11. 2. 미 제8군 청천강 남쪽으로 철수 결정

미 제1해병사단 제7연대, 수동에서 국군 제26연대 작전 지역 인수

11. 3. 국군 제1사단 운산에서 안주로 이동, 군단예비로 전환

국군 제7사단, 비호산에서 중공군 1개 사단 격퇴

미 제9군단 순천으로 이동, 서부전선 진출

11. 4. 영 제27여단, 박천에서 중공군 격퇴

11. 5. 미 제3사단 원산에 상륙

수도사단, 길주 점령

11. 6. 유엔군 총사령관, 중공군 개입에 대한 비난성명 발표

유엔군 총사령관, 압록강 철교 폭파 명령

760

제6사단 제7연대, 초산에서 개천으로
철수 완료

11. 7. 중공군, 전 전선에서 1차 공세 종료
중공, 한국전에 참전 사실 보도
중공 제9병단, 압록강 도하 개시
태국 지상군 도착

11. 8. 유엔 공군, B-29로 한만국경선 교량
폭격 개시

11. 10. 미국 등 6개국, 안전보장이사회에 중
공군 철퇴요구 결의안 제출
태국 해군 참전

11. 12. 수도사단, 북한군과 어랑천에서 공방
전

11. 14. 미 제7해병연대 하갈우리 진출

11. 20. 인도 야전병원 도착

11. 21. 미 제7사단 17연대 혜산진 점령

11. 22. 미 제7사단 제32연대, 신갈파진 점령
국군 제3사단, 합수 점령

11. 24. 맥아더 총사령관 전쟁 종결을 위한
총진격 명령(크리스마스 공세)
네덜란드 지상군 도착

11. 25. 국군 수도사단 청진 점령, 제3사단
백암 점령
중공군 제2차 공세(11월공세) 전개
미 제8군 청천강으로 철수 개시
그리스 공군 참전

11. 26. 미 제2사단, 구장동에서 중공군과 혼
전
국군 제2군단, 주저항선 붕괴

11. 27. 미 제1해병사단, 장진호에서 무평리
공격 개시
국군 제2군단, 순천·강동 일대에 집
결

11. 28. 유엔군 사령부 긴급작전회의 개최(도
쿄군사회담), 평양·함흥·원산 철수
결정

미 제7사단 신갈파진 점령
터키 여단, 참전 후 와원에서 중공군
과 최초 전투
미 제2사단, 군우리전투 개시

11. 29. 국군 제3사단 제26연대, 미 제17연대
의 혜산진 진지 인수
프랑스 지상군 도착

11. 30. 트루먼, 한국에서 경우에 따라 원자
탄 사용 고려 언급
국군 제3사단 제22연대 제3중대 혜산
진 진출
수도사단 청진 북방 부령, 부거 진출
국군 제3연대, 군우리 남쪽 적 차단
선 돌파 실패
미 제2사단, 군우리에서 중공군 포위
망 강력 돌파
국군·유엔군 전면 철수

12. 1. 국군 제1군단, 무산·웅기로 진출중
철수 개시
미 제8군, 숙천-순천-성천 방어선
구축

12. 3. 미 제8군, 순안-성천 선에 평양 방어
선 형성

12. 4. 미영정상회담 개최
국군과 유엔군 평양 철수

12. 5. 국군과 유엔군, 38도선으로의 철수작
전 개시
미 제7사단, 혜산진에서 신흥리로 철
수 완료

12. 6. 콜린스 미 합참의장 한국 방문

12. 7. 정부, 전국에 비상계엄령 선포
한국 해군, 서해 해안에서 피란민 호
송작전 개시

12. 8. 이대통령, 미국에 한국군 50만 병력
무장 요구
미영정상회담에서 한국전쟁의 평화

761